POLYGLOTT zu Fuß entdecken

Hamburg

Erkunden Sie zu Fuß Ihre Lieblingsstadt mit allen ihren Facetten und verborgenen Winkeln. Jede Tour lässt Sie überraschende Eindrücke sammeln und Altbekanntes neu genießen.

Meine Reise – meine APP!

Mit der kostenfreien POLYGLOTT-App können Sie auf Ihren Touren eigene Entdeckungen mit Fotos, Adresse und Anmerkungen festhalten und mit anderen teilen. Plus: digitale Postkarten und Slide-Show-Funktion.

www.polyglott.de/meineapp

ZEICHENERKLÄRUNG

POLYGLOTT-Touren
Die Touren leiten von einer Station des öffentlichen Nahverkehrs, Bus, Ⓢ und Ⓤ, zu einer anderen – Parkplatzsuche überflüssig.

Wann
Sie sind viel im Freien unterwegs – am schönsten bei Sonnenschein

Überwiegend im Inneren – macht auch bei Regen Spaß

Am schönsten in der Abenddämmerung und danach

Dauer · Distanz
Ein Spaziergang von bis zu zwei Stunden zu schönen und interessanten Orten

Ein Spaziergang mit Sehenswürdigkeiten, der einen halben Tag dauert

Ein ganztägiger Spaziergang

Top-12-Highlights
Herausragende Sehenswürdigkeiten sind mit Stern gekennzeichnet.

Lieblinge der Autoren
sind mit Herz markiert.

Mal Pause machen
Kleine Auszeit in der Tour

Preiskategorien

Hotel (DZ inkl. Frühstück):

€€€	ab 170 €
€€	bis 170 €
€	bis 100 €

Restaurant (Menü):

€€€	ab 25 €
€€	bis 25 €
€	15 bis 25 €

INHALT SEITE

DIE TOUREN IM ÜBERBLICK

TOP-ADRESSEN

DAS IST UNSER HAMBURG

Elke Frey

lebt als freie Autorin in Hamburg. Sie begeisterte als Stadtführerin schon während ihres Geografiestudiums viele Besucher für die Stadt. Später zog es sie als Studienreiseleiterin in die weite Welt.

Carsten Ruthe

hat Geografie und Stadtplanung studiert und ist seit über zehn Jahren als Gästeführer in Hamburg unterwegs.

Wir sind in Hamburg gern auf den Beinen, weil wir dann die Stadt mit ihren faszinierenden Gegensätzen mit allen Sinnen hautnah erleben: hier die historische Speicherstadt mit ihren Gewürzdüften, da die junge HafenCity mit der extravaganten Elbphilharmonie. Die weite Welt kommt zu uns, während wir am Elbufer wandern: Schiffsriesen aus Fernost, Kreuzfahrtschiffe, Weltumsegler ziehen vorbei. Ein ewiges Kommen und Gehen! Ganz anders an der Alster mit ihren grünen Ufern. Ein Idyll inmitten der geschäftig pulsierenden Metropole. Je nach Laune lieben wir es, hier zu joggen, spazieren zu gehen oder vom Steg am Alster Cliff einfach nur aufs Wasser zu schauen. Wir haben die Qual der Wahl unter 60 Theatern, 50 Museen und Dutzenden von Festivals. Als Fans von Mode, Design und Musik mögen wir das breite Szenespektrum. Hamburg hält uns immer in Trab!

UNSERE LIEBLINGE

Hier schlägt das Herz der Autoren höher

1 *E. Frey* **Im »Dat Backhus«** (Speersort 10) tauche ich gern bei Tee und Kuchen tief in die Vergangenheit Hamburgs ein: umringt von Findlingen des gut 900 Jahre alten Bischofsturmfundaments. › **S. 11**

2 *E. Frey* **Die sonnigen Mittelmeerterrassen im Park Planten un Blomen** unterhalb der Schaugewächshäuser mit ihren verwinkelten Wegen, mit der mediterranen Flora und Kräutern sind so richtig zum Träumen – hoffentlich erwische ich noch einen von den bequemen Holzsesseln. › **S. 14**

3 *C. Ruthe* **Von der Elbfähre 72 wirkt die Elbphilharmonie** wie eine gläserne Skulptur auf mich, die Barkasse gleitet an ihren glitzernden Fassaden vorüber, bis der Bau mit dem Hafen verschmilzt. › **S. 40**

4 *C. Ruthe* **Wenn ich beim Rudern auf den Alsterkanälen** die Krugkoppelbrücke erreiche, begeistert mich jedes Mal der Panoramablick auf die Außenalster und die Skyline in der Ferne. › **S. 72**

5 *E. Frey* **In klaren Nächten stellen Hobby-Astronomen** ihre Fernrohre auf die fast rundum laufende Aussichtsplattform des **Planetariums;** mich zieht es bei Tage dorthin, und ich kann mich kaum sattsehen an der grünen Metropole mit so viel Wasser. › **S. 80**

6 *C. Ruthe* **Fähranleger Blankenese** Vor und unter mir strömt die breite Elbe, gesprenkelt mit weißen Segeln, hinter mir schmiegen sich die Häuschen an den steilen Hang – hier bei Mandeltorte und Tee zu sitzen, ist wie Urlaub. › **S. 127**

TOP-12-HIGHLIGHTS

Die wichtigsten Sehenswürdigkeiten auf einen Blick

1 **Rathaus** Der Bau mit seiner prächtigen Neorenaissancefassade ist das politische Zentrum der Stadt. › **S. 10**

2 **Michel** Vom 132 m hohen Kirchturm hat man grandiose Ausblicke. › **S. 16**

3 **Chilehaus** Den eleganten Backsteinbau sähen die Hamburger gern auf der UNESCO-Welterbeliste. › **S. 32**

4 **Speicherstadt** In den Backsteinlagerhäusern findet man originelle Museen. › **S. 34**

5 **Miniatur Wunderland** Eine Million Besucher im Jahr »reisen« durch die Miniatureisenbahnanlage. › **S. 35**

6 **Elbphilharmonie** Das Architekturhighlight ist längst ein Besucher-Hit. › **S. 40**

7 **St. Pauli-Landungsbrücken** Auf dem schwimmenden Anleger fühlt man sich mitten im Hafen. › **S. 43**

8 **Alter Elbtunnel** Das technische Wunder von 1911 »bringt« immer noch Menschen in den Hafen. › **S. 44**

9 **Reeperbahn** Viele Nachtschwärmer starten von hier ihre Runde durchs Vergnügungsviertel von St. Pauli. › **S. 51**

10 **Fischmarkt** Der Ort für Schnäppchenjäger und Leute in Feierlaune. › **S. 58**

11 **Außenalster** Hier lässt man die Seele baumeln. › **S. 62**

12 **Blankenese** Malerisch kleben die Häuschen und die bunten Gärten am Elbhang. › **S. 127**

Tour 1

Auf den Spuren von Hamburgs Geschichte

Rathaus › St. Petri › Bischofsturm › Domplatz › Afrikahaus › Patriotische Gesellschaft › Trostbrücke › Mahnmal St. Nikolai › Deichstraße

Start: Ⓤ Rathaus (U 3)
Ziel: Ⓤ Baumwall (U 3)
Wann: jederzeit, weniger geschäftig ist es sonntags und nach 20 Uhr
Distanz: 2,5 km

Das Rathaus steht für Hamburgs hanseatische Tradition. Der Ursprung der Stadt liegt allerdings rund um den Domplatz. Typisch für die Altstadt sind dekorative Kontorhausfassaden und einige historische Kaufmannshäuser entlang der Fleete.

Rathaus

Das **Rathaus** 1 ★1 mit seiner Neorenaissancefassade und dem 112 m hohen Turm markiert seit 1897 das moderne Zentrum der Hansestadt. Bei einer Führung (10–15, Sa bis 17, So bis 16 Uhr) durch die prachtvollen Räume von Bürgerschaft und Senat erfährt man vom Auf und Ab der Stadt seit dem 9. Jh. – so auch vom Großen Brand im Jahr 1842, der den Neubau des Rathauses nötig machte. An seine Rückseite schließt sich die 1842 vor dem Brand gerettete klassizistische **Börse** an, die heute Sitz der Handelskammer ist. Im einstigen Reichsbankgebäude zwischen Rathaus, Alsterfleet und **Schleusenbrücke** 2 präsentiert das **Bucerius KunstForum** (11–19, Do bis 21 Uhr) hochkarätige Kunstausstellungen. Auf den Stufen an der **Kleinen Alster** genießt man danach den Blick auf die **Alsterarkaden,** Schwäne und Möwen.

Alsterarkaden

Vom Reesendamm, wo die Alster im 12. Jh. gestaut wurde, »steigt« die Bergstraße um 7 m an: Hamburgs älteste Pfarrkirche, die **Hauptkirche St. Petri** 3 (Mo, Di, Do, Fr 10–18.30, Mi 10–19, Sa 10–17, So 9–20 Uhr), war dadurch vor Überflutungen geschützt. Der heutige Bau ist eine Rekonstruktion nach dem Feuer von 1842. Unter der Südostecke wird die Missionskirche des heiligen Ansgar vermutet. Der heutige **Domplatz** 4 markiert den Ursprung der Stadt. Hier lag die vom 8.–11. Jh. nachgewiesene **Hammaburg.** Auf der Wiese erinnern 39 weiße, abends illuminierte Sitzwürfel an den 1245 begonnenen ersten steinernen **Mariendom.** Er wurde ab 1804 abgerissen, die Nachfolgebauten fielen, wie so viele Innenstadtbauten, den Bomben des Zweiten Weltkriegs zum Opfer. Im Untergeschoss der Bäckerei »Dat Backhus« 1 sieht man durchs Fenster auf die Fundamente des sog. **Bischofsturms** 5, er war Teil der auf die Hammaburg folgende Stadtbefestigung des 12. Jhs., dem Heidenwall. Westlich vom Domplatz, ganz profan: der **HSV City Store** (s. Shopping, S. 141).

MAL PAUSE MACHEN

Überraschend bequem sitzt es sich auf den beleuchteten Plexiglaswürfeln des **Domplatzes,** geradezu ideal für eine kleine Pause zwischendurch.

Hamburgs Altstadt hat alle mittelalterlichen Bauten verloren, erhalten blieben aber alte Straßennamen wie etwa **Große Reichenstraße.** Im denkmalgeschützen **Afrikahaus** 6, einem Kontorhaus von 1899 (Nr. 27), residiert die seit Mitte des 19. Jh. in Afrika tätige Handelsfirma C. Woermann. Baumeister Martin

Haller verewigte hier mit Elefanten- und Palmenzierrat die Kolonialzeit. Die **Patriotische Gesellschaft von 1765** 7 ist bis heute sozial und kulturell aktiv. Ihr dunkler Backsteinbau am **Nikolaifleet** steht seit 1847 an der Stelle des früheren Rathauses.

Denkmal Bischof Ansgar

Beschaulich ist der Blick aufs Fleet, Hamburgs erstem Hafen, von der **Trostbrücke** 8 mit den **Skulpturen** von **Bischof Ansgar** und **Graf Adolf II. von Schauenburg.** Er schuf 1189 die Voraussetzung für Hamburgs Hafenblüte. Jenseits des Fleets ist der mit Statuen geschmückte **Laeiszhof** von 1898 heute noch Sitz der bald 200-jährigen Reederei Laeisz. An den Zweiten Weltkrieg erinnert das **Mahnmal St. Nikolai** 9 (Mai–Sept. 10–18, sonst 10–17 Uhr). Die neogotische Hauptkirche wurde nach der Bombardierung 1943 zur Ruine, nur ihr Turm erwies sich als standhaft. Ein Lift führt zur **Aussichtsplattform** in 76 m Höhe.

Die **Holzbrücke** 10 des 13. Jh. baute man erst nach dem Großen Brand aus Stein. Hier am Nikolaifleet eröffnen sich Aussichten auf das alte und moderne Hamburg: nach Osten z. B. auf das gläserne Hochhaus von 1964 der Reederei Hamburg Süd oder auf den Turm der **Hauptkirche St. Katharinen,** die aus dem 13. Jh. stammt; nach Westen auf eine malerische Zeile historischer **Kaufmannshäuser** entlang dem Fleet. Einige Häuser zwischen Nikolaifleet und der **Deichstraße** 11 überdauerten das Feuer von 1842. In den Häusern aus dem 17. und 18. Jh. in der Deichstraße befinden sich einige originelle Gasthäuser, z. B. das stilvolle Restaurant **Deichgraf** (s. Restaurants, S. 135).

Touren im Anschluss: 3, 4, 7, 8

Binnenalster
Fontäne
Alsterpavillon
Jungfernstieg
Ballindamm
Kirchenallee
Hauptbahnhof
Ohnsorg-theater
HBF. NORD
HBF.
Steintordamm
Steintorwall
Glockengießerwall
Hamburger Kunsthalle
An der Kunsthalle
Ernst-Merck-Str.
Georgsplatz
Kurze Mühren
Lange Mühren
Spitalerstr.
Barkhof
Mönckebergstr.
Levantehaus
Burgenhagenstr.
Steinstraße
Steinstr.
Klosterwall
Markthalle
Klostertor
Kunsthaus
Deichtorplatz
Deichtorhallen
Haus der Photographie
Oberhafen
Ericusgraben
Ericusbr.
Stockmeyerstr.
Oberbaumbr.
200 m
Cityhofpassage
Johanniswall
Sprinkenhof
Altstädter Str.
Springeltwiete
Chilehaus
Burchardstr.
Messberghof
MESSBERG
Pumpen
Meßberg
Niedernstr.
Hopfensack
Brandsende
Lilienstr.
Rosenstr.
Gertrudenkirchhof
Gertrudenstr.
Raboisen
Ferdinandstr.
Alstertor
Thalia-Theater
Gerhart-Hauptmann-Platz
St. Jacobi-Kirche
Jakobikirchh.
Bischofsturm
Domplatz
Speersort
Alter Fischmarkt
Domstraße
Brandstwiete
Curienstr.
Schopenstehl
Kattrepel
Kl. Reichenstr.
Reichenstr.
Brandstwiete
Europa Passage
JUNGFERNSTIEG
Bergstr.
Hermannstr.
Rathausmarkt
Plan
Rathaus
Rathauspassage
St. Petri Kirche
Rathausstr.
RATHAUS
Börse
Schauenburger Str.
Pelzerstr.
Gr. Bäckerstr.
Dornbusch
Großer Burstah
Adolphspl.
Bucerius Kunst Forum
Alsterarkaden
Alter Wall
Mellin-passage
Alte Post
Kaisergalerie
Kaufmannshaus
Bleichenbr.
Große Bleichen
Hamburger Hof
Hanse Viertel
Poststr.
Lessing Denkmal
Gänsemarkt
GÄNSEMARKT
Neue ABC-Str.
ABC-Str.
Valentinskamp
Fuhlentwiete
Bleichenhof
Stadthöfe (im Bau)
Görtz Palais
Stadthausbr.
STADTHAUSBR.
Neuer Wall
Mönkedamm
Graskeller
Heiligengeistbr.
Axel-Springer-Platz
Kaiser-Wilhelm-Straße
Kellertheater
Poolstr.
Kohlhöfen
Thielbek
Großneumarkt
Brunnenstr.
Alter Steinweg
St. Ansgar
Michaelisstr.
Ludwig-Erhard-Str.
St. Michaelis
Herrengraben
Admiralitätstr.
RÖDINGSMARKT
Rödingsmarkt
Willy-Brandt-Straße
Zürichhaus
Laeiszhof
Mahnmal St. Nikolai
Das Schiff
Hahntrapp
Hopfenmarkt
Kl. Burstah
Zollenbr.
Neue Gröningerstr.
St. Katharinen
Katharinenstr.
Katharinenkirchhof
Holzbr.
Deichstr.
Cremon
Mattentwiete
Reimerstwiete
Steintwiete
Haus der Seefahrt
Bei dem Neuen Krahn
Kajen
Otto-Sill-Br.
Baumwall
Vorsetzen
Lindley-Denkmal
Slomanhaus
Stellahaus
Stubbenhuk
Binnenhafen
Kehrwiedersteg
Kehrwieder
Neuer Krahn
Brooksbr.
Brook
Pickhuben
Zippelhaus
Deutsches Zollmuseum
Dovenfleet
Alter Wandrahm
Dialog im Dunkeln
Dienerreihe
Holländischer Brook
Brooktorkai
Shanghaiallee
Poggenmühle
Teerhof
Sankt Annenufer
Neuer Wandrahm
U1
U2
U3
U4

Tour 2

Durch die Wallanlagen zum Michel

Planten un Blomen › Laeiszhalle › Museum für Hamburgische Geschichte › Brahms-Museum › Michel › Stintfang

Start: Ⓢ Dammtor (S 11, 21, 31) oder Ⓤ Stephansplatz (U 1)
Ziel: Ⓢ/Ⓤ Landungsbrücken (S 1, 3; U 3)
Wann: bei trockenem Wetter; im Sommer abends Wasserlichtkonzerte; Aussicht vom Michel tagsüber und abends
Distanz: 4 km

Planten un Blomen ist ein Naturparadies mitten in der City; die Parkanlage führt zum Museum für Hamburgische Geschichte. Die Peterstraße bewahrt die Erinnerung an das 17. und 18. Jh., Höhepunkt ist die Kirche St. Michaelis, Hamburgs Wahrzeichen.

Wasserlichtorgel

Seit der Int. Gartenbauausstellung (IGA) 1953 genießen die Hamburger ihren weiträumigen Park **Planten un Blomen** 1 und im Sommer auch die abendliche **Wasserlichtorgel** (Mai–Aug. ab 22, Sept. ab 21 Uhr). Sehenswert im Park ist der **Japanische Garten** zwischen Messe und Congresszentrum (CCH). Im Teehaus wird man in eine klassische Teezeremonie eingeweiht (Mai–Aug.). Eine architektonische Besonderheit sind die **Schaugewächshäuser** 2 ♥2 des Botanischen Instituts mit ihrer exotischen Flora.

Die Botaniker siedelten allerdings schon 1979 in den »neuen« Botanischen Garten in Klein Flottbek um. Ihr Institutsgebäude von 1912 nutzt die **Bucerius Law School** 3, die erste private rechtswissenschaftliche Hochschule Deutschlands.

Oberlandesgericht

Südwärts folgt man den seit der IGA 1973 neu gestalteten **Wallanlagen** – hier lag Hamburgs Stadtbefestigung, die 1616–25 vom holländischen Festungsbaumeister Jan van Valckenborgh errichtet und im Laufe des 19. Jh. entfernt wurde.

Am **Sievekingplatz** 4 ragen die drei kaiserzeitlichen Bauten des Oberlandesgerichts, des Zivil- und des Strafjustizgebäudes auf. Das Oberlandesgericht in der Mitte ist gelegentlich Kulisse für einen der vielen Hamburger Fernsehkrimis. Gegenüber am Johannes-Brahms-Platz steht die neobarocke **Laeiszhalle** 5, bis zur Eröffnung der im Bau befindlichen Elbphilharmonie dient sie als wichtigstes Konzerthaus der Stadt.

Laeiszhalle

Von den Wallanlagen gut zu sehen ist der rote Backsteinbau der **Handwerkskammer** 6, den der Architekt und Stadtplaner Fritz Schumacher 1912–17 entwarf. Viele seiner Bauten prägen die Stadt bis heute. Ebenfalls ein Schumacherbau ist das **Hamburg Museum** 7 (Museum für Hamburgische Geschichte, www.hamburgmuseum.de, Di–So 10–17/18 Uhr). Es gibt einen guten Überblick über 1200 Jahre Stadtgeschichte von der Hammaburg bis heute. In der 2. Etage befindet sich die größte europäische Eisenbahnmodellanlage im Maßstab 1:32.

In der nahen **Peterstraße** rekonstruierte die Carl-Toepfer-Stiftung 1966–82 althamburgische Kaufmannshäuser, darunter auch Johannes Brahms' Geburtshaus. Hier befinden sich im original erhaltenen **Beylingstift** von 1751 das **Brahms-Museum** 8 (Di–So 10–17 Uhr) und das **Telemann Museum** (Di, Do, Sa, So 10–17 Uhr). Georg Philipp Telemann prägte als »Director Musices« das Musikleben der Barockzeit in Hamburg. Ab 2015 eröffnen Komponistenmuseen für Carl Philipp Emanuel Bach, die Geschwister Mendelssohn, Johann Adolf Hasse und Gustav Mahler in der Peterstr. 28. Lebhaft geht es allabendlich auf dem **Großneumarkt** 9 zu – dank der bunten Kneipenszene vom betagten Jazzklub bis zum Restaurant mit Kunstgalerie.

Der **Michel** 10 ★2, die evangelische **Hauptkirche St. Michaelis,** ist ein Prunkstück des Barock. Überwältigend sind die Orgelkonzerte dort; eine Kostprobe erhält man montags bis samstags zur kurzen Mittagsandacht. In der Kirchengruft sind bekannte Persönlichkeiten bestattet wie C. Ph. E. Bach oder Kirchen-Baumeister Georg Sonnin. Die Aussicht vom Turm in 82 m Höhe bleibt unvergesslich: das weite Elbtal mit dem Hafen, St. Pauli mit dem Hochhaus »Tanzende Türme«, die City und die Außenalster (Mai–Okt. 9–20, sonst 10–18 Uhr, Turm nachts: www.nachtmichel.de). Östlich des Michels duckt sich im Hinterhof eine Doppelreihe kleiner Fachwerkbauten, die **Kramerwitwenwohnungen,** sie geben eine Ahnung von den einstigen ärmlichen »Gängevierteln«.

MAL PAUSE MACHEN

An den **Landungsbrücken** in die **U3 einsteigen,** rechts sitzen, auf dem Weg zum Rödingsmarkt den Traumblick auf Elbe, Hafenkante und Elbphilharmonie genießen.

Die Wallanlagen stoßen bei der Anhöhe **Stintfang** 11 fast an die Elbe. Zwei **Aussichtsterrassen** unterhalb der Jugendherberge bieten ein postkartenschönes Hafenpanorama mit den Landungsbrücken und dem Alten Elbtunnel.

Touren im Anschluss: 3, 9, 10, 11, 12, 15

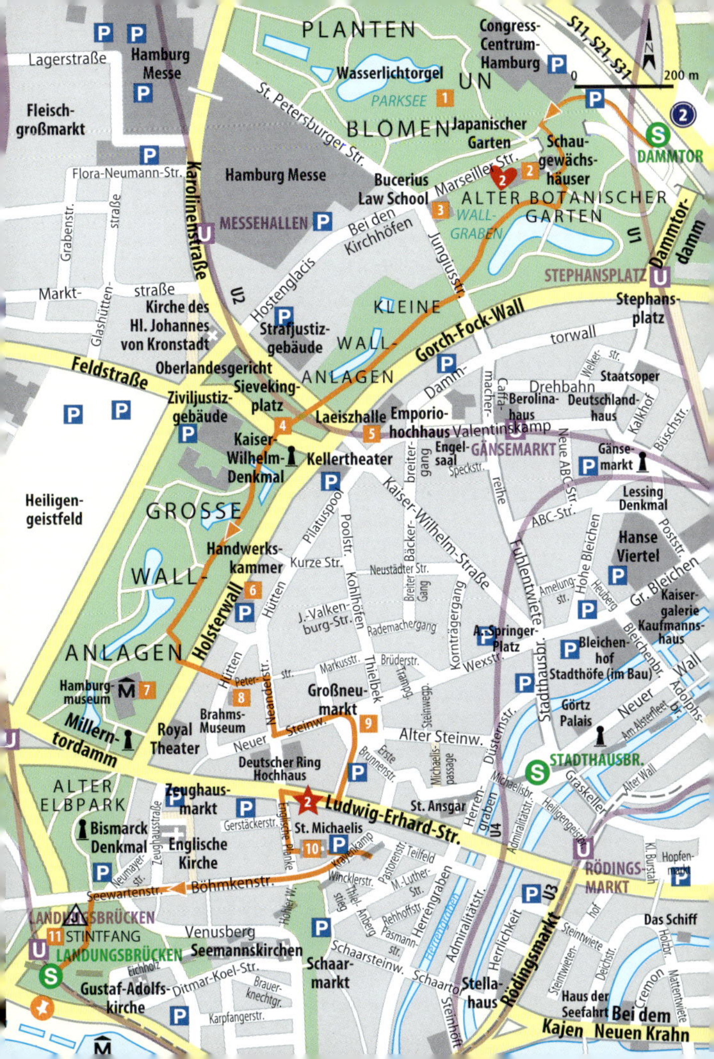

PLANTEN UN BLOMEN
Congress-Centrum-Hamburg
S11, S21, S31
0
200 m
Lagerstraße
Hamburg Messe
Fleisch-großmarkt
Wasserlichtorgel
PARKSEE
1
St. Petersburger Str.
Japanischer Garten
Schau-gewächs-häuser
DAMMTOR
2
Flora-Neumann-Str.
Hamburg Messe
Bucerius Law School
Marseiller Str.
ALTER BOTANISCHER GARTEN
3
WALL-GRABEN
Karolinenstraße
MESSEHALLEN
Bei den Kirchhöfen
Grabenstr.
straße
Jungiusstr.
U1
Dammtor-damm
STEPHANSPLATZ
Markt-
straße
Kirche des Hl. Johannes von Kronstadt
U2
Hostenglacis
Strafjustiz-gebäude
KLEINE WALL-ANLAGEN
Gorch-Fock-Wall
Stephans-platz
Glashütten-
torwall
Feldstraße
Oberlandesgericht
Sieveking-platz
Ziviljustiz-gebäude
4
Damm-
Drehbahn
Welcker-str.
Staatsoper
Laeiszhalle
Emporio-hochhaus
5
Valentinskamp
Caffa-macher-reihe
Berolina-haus
Deutschland-haus
Kalkhof
Büschstr.
Kaiser-Wilhelm-Denkmal
Kellertheater
breiter-gang
Engel-saal
Speckstr.
GÄNSEMARKT
Neue ABC-Str.
Gänse-markt
Heiligen-geistfeld
GROSSE WALL-ANLAGEN
Pilatuspool
Poolstr.
Kaiser-Wilhelm-Straße
ABC-Str.
Lessing Denkmal
Handwerks-kammer
Kurze Str.
Neustädter Str.
Bäcker-
Fuhlentwiete
Hohe Bleichen
Hanse Viertel
Poststr.
6
Holsterwall
Hütten
J.-Valken-burg-Str.
Kohlhöfen
Breiter Gang
Rademachergang
Korntägergang
Amelung-str.
Heuberg
Gr. Bleichen
Kaiser-galerie
Kaufmanns-haus
A.-Springer-Platz
Bleichen-hof
Bleichenbr.
Wexstr.
Stadthöfe (im Bau)
Hamburg-museum
7
Peter-str.
Markusstr.
Brüderstr.
Thielbek
Trampg.
Großneu-markt
Steinwegp.
Stadthausbr.
Wall
Adolphs-br.
Hütten
8
Neanderstr.
Brahms-Museum
Görtz Palais
Neuer
Am Alsterfleet
Millern-tordamm
Royal Theater
Neuer Steinw.
9
Alter Steinw.
Düsternstr.
Erste Brunnenstr.
Michaelis-passage
STADTHAUSBR.
Deutscher Ring Hochhaus
ALTER ELBPARK
Zeughaus-markt
Michaelisbr.
Graskeller
Alter Wall
Bismarck Denkmal
Zeughausstraße
Gerstäckerstr.
Englische Planke
2
Ludwig-Erhard-Str.
St. Ansgar
Herren-graben
U4
Admiralitätstr.
Heiligengeistbr.
St. Michaelis
Englische Kirche
10
Krayenkamp
Teilfeld
Pastorenstr.
Kl. Burstah
Hopfen-markt
Neumayer-str.
Böhmkenstr.
Wincklerstr.
M.-Luther-Str.
Herrengraben
RÖDINGS-MARKT
Seewartenstr.
Thiel-stieg
Anberg
Rehhoffstr.
Pasmann-str.
Herrengrabenfleet
U3
LANDUNGSBRÜCKEN
Hohler W.
Admiralitätstr.
Das Schiff
11
STINTFANG
Venusberg
hof
Steintwiete
LANDUNGSBRÜCKEN
Seemannskirchen
Herrlichkeit
Rödingsmarkt
Steintwieten-
Deichstr.
Holzbr.
Eichholz
Schaarsteinw.
Schaar-markt
Schaartor
Stella-haus
Ditmar-Koel-Str.
Brauer-knechtgr.
Steinhöft
Cremon
Mattentwiete
Gustaf-Adolfs-kirche
Karpfangerstr.
Haus der Seefahrt
Bei dem Neuen Krahn
Kajen

Tour 3

Luxuspassagen und Architekturjuwelen

Alsterpavillon › Alsterarkaden › Neuer Wall › Alte Post › Hanseviertel › Gänsemarkt › Colonnaden › Nivea Haus

Start: Ⓢ/Ⓤ Jungfernstieg (S 1, 3; U 1, 2, 4)
Ziel: Ⓤ Gänsemarkt (U 2)
Wann: zu üblichen Geschäftszeiten, Jungfernstieg und Umgebung auch sonntags
Distanz: 2 km

Jungfernstieg und Neuer Wall sind Inbegriffe für exklusives Shopping in alteingesessenen Geschäften und internationalen Flagship-Stores. Nach dem Großen Brand 1842 entstand die Stadt hier neu, um 1900 baute man noble Bürohäuser. Seit den 1970er-Jahren bis heute entstehen hier elegante Ladenpassagen mit einer interessanten Architektur.

Jungfernstieg

Heinrich Heine (1797–1856) saß gern im **Alsterpavillon** 1 am **Jungfernstieg,** dachte »an nichts« und betrachtete »die jungen Mädchen, die vorübergingen«. Das Café (Jungfernstieg 54, €) eröffnete 1799 und hat sich bis heute erhalten, auch wenn es sich mit jedem Besitzerwechsel veränderte. Was dem Dichter natürlich entging, ist das **Heine-Haus** (Nr. 34), ein feines Jugendstilbürogebäude von 1903 mit geschwungener Fensterfront neben der exquisiten Einkaufspassage **Hamburger Hof** 2 (Nr. 26–30, www.hhof-passa

ge.de). Das Gebäude aus rotem Sandstein ist jünger als es aussieht; es wurde dem gleichnamigen Hotel von 1881 an dieser Stelle nachempfunden und in den 1970er-Jahren als Bürohaus mit eleganter **Ladenpassage** neu gebaut.

Beherrschendes Bauwerk am Jungfernstieg ist der Kaufpalast **Alsterhaus** 3 (Nr. 16–20), der 2012 sein 100-jähriges Bestehen feierte. Den Auftakt am Eingang macht die Parfümerie-Abteilung, die hohen Räume haben etwas Majestätisches, und an den Besuch von Prinz Charles und Lady Diana im Jahr 1987 wird gern erinnert.

Alsterarkaden

Kleine, feine Geschäfte an den **Alsterarkaden** 4 führen feine Tees oder Bernstein; gern lässt man sich an einem Cafétischchen nieder, und hält inne beim Blick auf die Kleine Alster und das Rathaus. Alexis de Chateauneuf hat im Jahr nach dem Großen Brand von 1842 diesen schönen weißen Bogengang am Wasser geschaffen. Etwa in der Mitte zweigt die **Mellin Passage** mit ihren verspielten Decken-Malereien ab, sie eröffnet den Durchgang zum Neuen Wall. Dort befindet sich eine Hamburger Institution: Bücherstube, Antiquariat und Kunsthandel **Felix Jud** (Nr. 13; s. Shopping, S. 141), eine weitere ist der Herrenausstatter **Ladage & Oelke** (Nr. 11, www.ladage-oelke.de), bekannt für seine perfekte Maßkonfektion, neuerdings auch für Damen.

Der **Neue Wall** ist Hamburgs allerfeinste Shoppingadresse (www.neuerwall-hamburg.de). Hier residieren neben alteingesessenen Geschäften die internationalen Top-Marken: Jil Sander, Gucci, Louis Vuitton, Escada, **Montblanc** (s. Shopping, S. 142), Alessi sowie Hamburgs **Wäschehaus Möhring** (s. Shopping, S. 145). Dem noblen Vorbild versucht die Parallelstraße Große Bleichen nachzueifern: Man passiert die **Alte Post** 6 mit ihrem Turm, einen Chateauneuf-Bau von 1847, oder schlendert durch die schwarz-weiß-designte Passage **Galleria** nebenan in die nächste Einkaufsmeile **Große Bleichen.** Hier dominiert die 1980 von Gerkan, Marg & Partner im Backsteinstil entworfene Passage **Hanse-Viertel** 7 mit 65 feinen Geschäften, darunter **Wede,** Spezialist u. a. für Schiffsmodelle (s. Shopping S. 145), sowie mit Restaurants und dem legendären **Hummerimbiss**.

Architektonische Juwelen sind die luxussanierten Passagen im **Kaufmannshaus** 8 und **Kaisergalerie** nebenan. Zum **Bleichenhof** 9 gesellen sich ab 2017 um Alster- und Bleichenfleet die **Stadthöfe.**

Das City-Shoppingviertel wächst bis in die Gassen der Neustadt hinein: Antiquitätengeschäfte beleben die Jugendstilbauten in der **Fuhlentwiete** 10, exklusives Modedesign breitet sich in der **ABC-Straße** 11 aus, um die Ecke hat Angela Merkels Modedesignerin **Bettina Schoenbach** ihr Atelier (Neue ABC-Straße 1). Auch am **Gänsemarkt** 12 gibt es interessante Boutiquen. Durch die **Gänsemarktpassage** bummelt man zur gemütlichen Fußgängerzone in den gründerzeitlichen **Colonnaden** 13, an ihrem Ende liegt der Flagship-Store **Nivea Haus** 14.

MAL PAUSE MACHEN

Nach langem Pflastertreten werden die Füße im **Nivea Haus** mit einer Pediküre verwöhnt – Blick frei auf die Binnenalster.
- Jungfernstieg 51, Tel. 82 22 47 40, Mo–Sa 10–20 Uhr

Touren im Anschluss: 1, 2, 4, 6

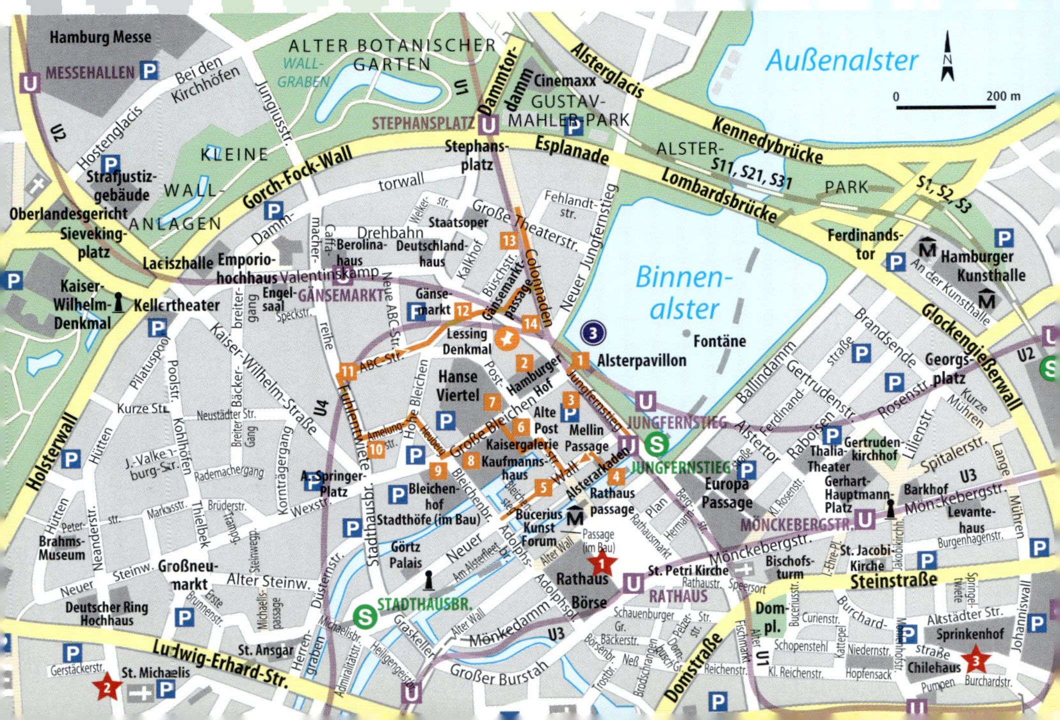
Außenalster
Binnenalster
Hamburg Messe
MESSEHALLEN
ALTER BOTANISCHER GARTEN
WALLGRABEN
KLEINE WALLANLAGEN
GUSTAV-MAHLER-PARK
ALSTERPARK
STEPHANSPLATZ
Stephansplatz
Dammtordamm
Cinemaxx
Alsterglacis
Kennedybrücke
Lombardsbrücke
Esplanade
S11, S21, S31
S1, S2, S3
Gorch-Fock-Wall
Holstenglacis
Bei den Kirchhöfen
Jungiusstr.
Strafjustizgebäude
Oberlandesgericht
Sievekingplatz
Laeiszhalle
Emporiohochhaus
Kaiser-Wilhelm-Denkmal
Kellertheater
Holstenwall
Valentinskamp
GÄNSEMARKT
Gänsemarkt
Gänsemarktpassage
Colonnaden
Große Theaterstr.
Staatsoper
Drehbahn
Berolinahaus
Deutschlandhaus
Caffamacherreihe
Neue ABC-Str.
ABC-Str.
Lessing Denkmal
Hanse Viertel
Hamburger Hof
Alte Post
Mellin Passage
Kaisergalerie
Kaufmannshaus
Große Bleichen
Bleichenhof
Stadthöfe (im Bau)
Fuhlentwiete
Kaiser-Wilhelm-Straße
A.-Springer-Platz
Neuer Jungfernstieg
Jungfernstieg
JUNGFERNSTIEG
Alsterpavillon
Fontäne
Alsterarkaden
Rathauspassage
Bucerius Kunst Forum
Rathaus
Börse
RATHAUS
St. Petri Kirche
Europa Passage
MÖNCKEBERGSTR.
Mönckebergstr.
Gerhart-Hauptmann-Platz
Thalia-Theater
Gertrudenkirchhof
Barkhof
Levantehaus
St. Jacobi-Kirche
Bischofsturm
Steinstraße
Domstraße
Dompl.
Sprinkenhof
Chilehaus
Ferdinandstor
Hamburger Kunsthalle
Glockengießerwall
Georgsplatz
Ballindamm
Alstertor
Görtz Palais
STADTHAUSBR.
Mönkedamm
Großer Burstah
Neuer Wall
Großneumarkt
Brahms-Museum
Deutscher Ring Hochhaus
St. Michaelis
St. Ansgar
Ludwig-Erhard-Str.
Passage (im Bau)
0
200 m
N

Tour 4

Hamburgs beliebte Shoppingmeile

Hauptbahnhof › Spitalerstraße › Levantehaus › Mönckebergbrunnen › Jacobikirche › Thalia Theater › Europa Passage › Ballindamm

Start: Ⓢ/Ⓤ **Hauptbahnhof (S 1, 11, 2, 21, 3, 31; U 1, 2, 3, 4)**
Ziel: Ⓢ/Ⓤ **Jungfernstieg (S 1, 3; U 1, 2, 4)**
Wann: **turbulent zu den Geschäftszeiten, abends ruhiger**
Distanz: **1,5 km**

Belebt wie auf einem Basar, aber die Läden eher im Riesenformat – das ist die Shoppingmeile rund um die Mönckebergstraße zwischen Hauptbahnhof und Rathausmarkt. Große Kauf- und Bekleidungshäuser dominieren, die Preise sind akzeptabel, dazu gibt es kleine Spezialshops und Leckerbissen für den Musik- und Theatergenuss.

Hauptbahnhof

Schon der **Hauptbahnhof** 1 stimmt ein auf das Gedränge im Zentrum der Millionenstadt: Über vierhunderttausend Menschen frequentieren täglich die riesige Bahnsteighalle von 1906 und die unterirdischen S- und U-Bahnstationen. Die doppelstöckige **Wandelhalle** auf dem Nordsteig ist 365 Tage im Jahr fast rund um die Uhr Essplatz für Eilige und Shoppingmagnet, vor allem der Supermarkt (tgl. 7–23 Uhr).

Ungefähr da, wo die Schienen verlaufen, lag früher der Stadtgraben. Die Straße **Glockengießerwall** überquert man und steht sogleich auf Hamburgs erster City-Fußgängerzone, der

Spitalerstraße 2. Cafés im Freien, Gaukler und Straßenmusiker lenken vom harten Umsatz ab, der in den Buch- und Bekleidungsgeschäften, Parfümerien und Telefonläden erwirtschaftet werden muss. Manche Läden bieten einen Durchgang zur Einkaufsmeile **Mönckebergstraße;** vom Südsteg des Hauptbahnhofs aus benutzt man den **Fußgängertunnel.** Die breite Straße entstand vor dem Ersten Weltkrieg unter Bürgermeister Mönckeberg zur Zeit des U-Bahnbaus.

Man bummelt durch die Mönckebergstraße wegen ihrer großen **Kaufhäuser,** Bekleidungs- und Elektronikgeschäfte; die Auswahl auf der 800 m langen Strecke bis zum Rathaus ist enorm. Nur Stadtbusse, Taxis und Radler dürfen hier fahren, das entspannt die Lage. **Straßencafés** breiten sich aus. Als funkelndes Juwel inmitten der Massenkonsumtempel brilliert die nostalgische Ladenpassage **Levantehaus** 3 (www.levantehaus.de). Exquisite Spezialläden laden in dem runderneuerten Jugendstilgeschäftshaus zu Entdeckungsreisen ein. Den Hunger kann man im **Apples Restaurant** des eleganten Park Hyatt Hotels in den oberen Etagen stillen. Dort kommen frische Produkte aus dem Hamburger Umland auf den Teller.

Levantehaus

Beliebter Treffpunkt ist der **Mönckebergbrunnen** 4, den Fritz Schumacher entwarf: ein Sandsteinpavillon mit Brunnendenkmal zu Ehren des Bürgermeisters. Heute findet man drinnen das **Elbphilharmonie-Kulturcafé,** eine Konzertagentur mit Starbucks-Filiale.

MAL PAUSE MACHEN

Von der Terrasse des **Kulturcafés** am Mönckebergbrunnen lässt sich entspannt das Treiben auf der Mönckebergstraße beobachten.
- Mo–Fr 10–19, Sa 10–18 Uhr

Nur wenig abseits der modernen Straße ist die mittelalterliche **St. Jacobikirche** 5 ein Ruhepunkt: (April–Sept. Mo–Sa 10–17, sonst 11–17 Uhr, So nach dem Gottesdienst bis 17 Uhr, www.jacobus.de). Berühmt ist ihre **Arp-Schnitger-Orgel** von 1693, kostbar sind drei wundervolle Altäre aus der Zeit zwischen 1499 und 1510. Reisende auf dem durch Hamburg führenden Jakobsweg Via Baltica holen sich in der St. Jacobikirche ihren Pilgerstempel.

Europa Passage

Unübersehbar ist an der Mönckebergstraße der Kaufhauskomplex **Karstadt** 6, der sich über zwei Straßenblocks erstreckt. Für den Abend merkt man sich das vielfach gerühmte **Thalia-Theater** 7 vor (s. Nightlife, S. 149). Ein architektonisches Meisterwerk des Hamburger Stararchitekten Hadi Teherani belebt seit 2006 die etwas sterile Mönckebergstraße: Die **Europa Passage** 8 ist mit ihren 120 Geschäften, die sich auf vier Etagen in einer eleganten Wandelhalle verteilen, Hamburgs größtes City-Einkaufszentrum. Die Passage erfüllt ganz durchschnittliche Wünsche wie auch ungewöhnliche: Die **Walentowski Galerie** vertreibt urige Bilder von Udo Lindenberg; bei **Elbenwald** gibt es alles für Fantasy-Fans; und eine Nassrasur wie zu Kaisers Zeiten bietet **Meinecke's Barbershop.**

Am **Ballindamm** wird man in Spezialläden fündig wie in dem bei ausländischen Touristen beliebten Dirndl-Fachgeschäft (Nr. 25, www.trachtendiele-hamburg.de). Einzigartig für seine Auswahl an Karten, Reiseführern oder Globen ist **Dr. Götze Land & Karte** (Alstertor 14–18, www.landundkarte.de).

Touren im Anschluss: 1, 3, 5, 6

ALSTERPARK
Lombardsbrücke
S1, S2, S3
S11, S21, S31
Binnen-alster
Fontäne
Alsterpavillon
Ferdinandstor
Hamburger Kunsthalle
An der Kunsthalle
Glockengießerwall
Ernst-Merck-Str.
Kirchenallee
Ohnsorg-theater
Dt. Schauspielhaus
HBF. NORD
HBF.
Hauptbahnhof
HBF. SÜD
Bus Port Hamburg
Adenauerallee
Steindamm
Steintorwall
Steintordamm
Museum für Kunst u. Gewerbe
Carl-Legien-Platz
Kurt-Schumacher-Allee
Besenbinderhof
Nagelsweg
Altmannbrücke
Zentralbibliothek
STEINSTR.
Steinstraße
Klosterwall
Cityhofpassage
Markthalle
Kunsthaus
Deichtorplatz
Deichtor-Hallen
Haus der Photographie
Oberhafen
Oberbaumbr.
Amsinckstraße
Nordkanalstraße
Spaldingstraße
Högerdamm
ST. GEORG
Koppel
Holzdamm
St. Georgstr.
Danziger Str.
Rostocker Str.
Brennerstr.
Greifswalder Str.
Soester Str.
Hansaplatz
Pak-Alem Moschee
Hansa Theater
Bremer Reihe
Ellmenreichstr.
Böckmannstr.
Pulverteich
Georgsplatz
Brandsende
Gertrudenstr.
Ballindamm
Ferdinandstr.
Alstertor
Raboisen
Rosenstr.
Kurze Mühren
Lange Mühren
Lilienstr.
Spitalerstr.
Gertrudenkirchhof
Thalia-Theater
Gerhart-Hauptmann-Platz
Barkhof
Mönckebergstr.
MÖNCKEBERGSTR.
Levantehaus
Burgenhagenstr.
St. Jacobikirche
Bischofsturm
St. Petri Kirche
Speersort
Rathausmarkt
Rathaus
RATHAUS
Börse
Adolphspl.
JUNGFERNSTIEG
Jungfernstieg
Neuer Jungfernstieg
Europa Passage
Alsterarkaden
Rathauspassage
Mellin-passage
Alte Post
Kaisergalerie
Kaufmannshaus
Hamburger Hof
Bucerius Kunst Forum
Passage (im Bau)
Colonnaden
Große Theaterstr.
Staatsoper
Deutschlandhaus
Gänsemarkt
Gänsemarkt-passage
Lessing Denkmal
Hanse Viertel
Große Bleichen
Bleichenhof
Stadthöfe (im Bau)
Görtz Palais
Neuer Wall
Mönkedamm
Großer Burstah
RÖDINGSMARKT
Willy-Brandt-Straße
Mahnmal St. Nikolai
Laeiszhof
Zürichhaus
Das Schiff
St. Katharinen
Katharinenstr.
Domstraße
Dompl.
Burchardstr.
Altstädter Str.
Sprinkenhof
Chilehaus
Messberghof
MESSBERG
Brandstwiete
Dovenfleet
Deutsches Zollmuseum
Alter Wandrahm
Dialog im Dunkeln
U1
U2
U3
U4
0
200 m

Tour 5

Kaleidoskop St. Georg

Deutsches Schauspielhaus › Hansaplatz › Hansa Theater › Centrum Moschee › Domkirche St. Marien › Koppel 66 › Anleger Hotel Atlantic

Start: Ⓢ/Ⓤ **Hauptbahnhof (S 1, 11, 2, 21, 3, 31; U 1, 2, 3, 4)**
Ziel: Ⓢ/Ⓤ **Hauptbahnhof (S 1, 11, 2, 21, 3, 31; U 1, 2, 3, 4)**
Wann: **tagsüber und abends**
Distanz: **3 km**

Der Multikulti-Stadtteil St. Georg beschert ein Wechselbad von Eindrücken: bürgerliche Theaterkultur und scharfzüngiges Kabarett; Hotels von Luxus bis zur Absteige; erzbischöfliche Kathedrale und Moschee. Die Menschen kommen aus Sozialwohnungen oder Lofts – man trifft sich auf der Langen Reihe.

Schauspielhaus

Das **Deutsche Schauspielhaus** **1** (Nr. 39, Tageskasse: Mo–Sa 10–19 Uhr) in Wiener Barock in der **Kirchenallee** von **St. Georg** fasst über 1000 Gäste; Experimentiertheater zeigt die Studiobühne **Malersaal.** Das Haus, das lange zwischen Erfolg und Buh-Rufen pendelte, hat mit der Intendantin Karin Beier seit 2013 wieder Tritt gefasst als Nachfolgerin von so illustren Vorgängern wie Gustaf Gründgens (1955–63).

Die im Krieg zerstörte **St. Georgskirche** **2** (Sa 12–14 Uhr) wurde 1957 neu erbaut; nur ihr Turm hat die barocke Form von 1747. Schon im 13. Jh. stand eine Kirche hier, außerhalb der Stadtmauer für das Pesthospital.

Wohnhäuser umgeben den **Hansaplatz** 3. Sein Image als Drogendealertreff ist passé: Gestühl von Restaurants und Kneipen säumt die autofreie gepflasterte Fläche. Ein Kranz von Linden umgibt das 17 m hohe Brunnendenkmal mit der »Hansa« – ästhetischer Höhepunkt des riesigen Wohnungsprojekts der »Hanseatischen Baugesellschaft«; die Kosten des Kunstwerks von 1878 waren wohl Peanuts im Vergleich zu den Gewinnen der Bauspekulanten.

Hektisch, laut und bunt ist der **Steindamm**: verschleierte Frauen, junge Prostituierte, exotische Geschäfte, Sexkino, multikulturelle Imbisse für jeden Geschmack. Mittendrin zwei gute Tipps für den Abend: Das **Hansa Theater** 4 (Nr. 17, Spielzeit Ende Okt.–Ende Feb. www.hansa-theater.de) von 1894 zeigt Varieté vom Feinsten in kaiserzeitlichem Ambiente. Per Tischklingel bestellt man beim adretten Personal kleine Snacks. Im **Polittbüro** 5 (Nr. 45, Tel. 040/28 05 54 67, www.polittbuero.de) übt das Duo Lisa Politt und Gunther Schmidt beißende linke Gesellschaftskritik; Kabarettkollegen geben Gastspiele oder Lesungen.

Im Hansa Theater

Die **Centrum Moschee** 6 (Böckmannstraße 40, für Fotos besser: Lindenstraße) ist die größte Moschee unter vielen in St. Georg. Seit 2009 tragen die beiden Minarette ein grün-weißes islamisches Muster, das ihnen der Künstler Boran Burchhardt mit Bedacht verpasste: Sechsecke, mancher mag darin auch Fußbälle sehen.

Die neoromanische **Domkirche St. Marien** 7 (Danziger Straße 60, tagsüber offen) ist seit 1995 Kathedrale des Erzbistums Hamburg. Eine kleine **Ausstellung im Atrium** dokumentiert

Hamburgs Bistumsgeschichte vom ersten Bischof Ansgar bis heute.

Ein Bummel auf der 700 m kurzen **Langen Reihe** offenbart das Herz St. Georgs. Sie gehört zu den vielseitigsten und unterhaltsamsten Straßen der Stadt. Läden dicht an dicht, für Biokost, Avantgardemode, tibetische Antiquitäten, Bücher der Schwulen- und Lesbenszene; dazu ein vielfältiges Angebot meist kleinerer Restaurants und Bars. Ein Gründerzeitbau (Nr. 71) ist das **Geburtshaus von Hans Albers** 8 (1891–1969). Schon als Kind verfiel der spätere Star dem Zauber der Bühne im nahen Schauspielhaus.

MAL PAUSE MACHEN

Mit etwas Glück ergattert man bei **Hans im Glück** einen Platz und genießt leckere Burger mit hausgemachter Glückssauce und Salat.
- Lange Reihe 107 ab 11, So ab 12 Uhr

Ein Durchgang führt über grüne Hinterhöfe zum Haus für Kunst und Handwerk **Koppel 66** 9 (s. Shopping, S. 142). Auf vier Etagen werkeln Tischler, Schuh- und Hutmacher, Goldschmiede, Fotografen, Modedesigner sowie Künstler in ihren Ateliers, die sie jeweils am ersten Sa im Monat (11–18 Uhr) fürs Publikum öffnen. Zu einer Rast lädt das gemütliche **Café Koppel** (€) im Erdgeschoss ein.

Frische Luft streicht über die **Außenalster.** Himmlische Aussicht auf den See bietet die Bar **Le Ciel** (tgl. 10–2 Uhr) im Hotel **Le Meridien** 10 (An der Alster 52–56), ein gläserner Lift saust direkt vom Eingang in den 9. Stock. Wer am Boden bleibt, genießt auch vom **Anleger Atlantic** 11 ein schönes Seepanorama. Am Nachbarsteg kann man sich ein Boot ausleihen – das 100-jährige schneeweiße **Hotel Atlantic** macht vom Wasser aus einen majestätischen Eindruck.

Touren im Anschluss: 4, 6, 14

0
200 m
N
Außenalster
An der Alster
Anleger Atlantic
Le Royal Meridien
Hotel Atlantic
St. Georgskirche
Koppel 66
Geburtshaus Hans Albers
Domkirche St. Marien
Asklepios
Klinik
St. Georg
Alster-schwimm-halle
Sechslingspforte
Mühlendamm
Lübecker Straße
Lübeckertordamm
Steinhauer-damm
Wallstr.
Bürgerweide
Borgfelder Str.
Beim Strohhause
Adenauerallee
Kurt-Schumacher-Allee
Spaldingstraße
Steindamm
Kirchenallee
Ernst-Merck-Str.
Glockengießerwall
Steintorwall
Steintordamm
Holzdamm
Koppel
Gurlittstr.
Lange Reihe
Danziger Str.
ST. GEORG
Hansaplatz
Politbüro
Centrum Moschee
Hansa Theater
Ohnsorg-theater
Hauptbahnhof
Bus Port Hamburg
Carl-Legien-Platz
Museum für Kunst u. Gewerbe
Hamburger Kunsthalle
Ferdinandstor
Georgsplatz
Barkhof
Mönckebergstr.
MÖNCKEBERGSTR.
HBF. NORD
HBF. SÜD
HBF.
LOHMÜHLENSTR.
LÜBEKERSTR.
BERLINER TOR
Berliner Bogen
Anckelmannsplatz
Schmilinskystraße
Lohmühlenstraße
Bülaustraße
Barcastraße
Schweimlerstr.
Ackermannstr.
Ekhofstr.
Ifflandstraße
Richardallee
Wandsbeker Stieg
Schröderstr.
Bozenhardw.
Philippsstr.
Rostocker Str.
Stiftstr.
Brennerstraße
Alexanderstr.
Wismarer Str.
Minenstr.
Berliner Tor
Bei der Hauptfeuerwache
Westphalensweg
Kolbergstr.
F.-Beit-Str.
Lindenstraße
Böckmannstr.
Pulverteich
Bremer Reihe
Ellmenreichstr.
Steintorw.
Steindamm
Borgesch
Kirchenweg
Greifswalder Str.
Soester Str.
Alstertwiete
Rautenbergstr.
St. Georgstr.
An der Kunsthalle
Brandsende
Rosenstr.
Kurze Mühren
Lilienstr.
Spitalerstr.
Lange Mühren
Brockesstr.
Besenbinderhof
Nagelsweg
Norderhof
Hammerbrookstr.
Beim Berliner Tor
S1, S2, S3
S11, S21, S31
S1, S2, S21
U1
U2
U3
75
1
2
3
4
5
6
7
8
9
10
11

Tour 6

Kunstmeile und Kontorviertel

Hotel Vier Jahreszeiten › Lombardsbrücke › Kunsthalle › Museum für Kunst und Gewerbe › Kunstverein › Deichtorhallen › Chilehaus

Start: Ⓢ/Ⓤ **Jungfernstieg (S 1, 3; U 1, 2, 4)**
Ziel: Ⓤ **Meßberg (U 1)**
Wann: **täglich, Museen montags geschlossen**
Distanz: **3,5 km**

Hamburgs schöne Ansichten draußen und drinnen: Der Blick von der Lombardsbrücke bleibt unvergesslich. An der »Kunstmeile« am östlichen Wallring zwischen Binnenalster und Hafen reihen sich die Hamburger Kunsttempel mit ihren bedeutenden Sammlungen – Malerei, Zeichnung, Skulptur und Fotografie, Kunsthandwerk und Design.

Lombardsbrücke

Am **Neuen Jungfernstieg** fallen zwei strahlend weiße Bauten auf: der eine, das **Hotel Vier Jahreszeiten** 1 (Nr. 9), ihn prägte die Gründerfamilie Haerlin 1897–1989. Der andere ist das sogenannte **Amsinck-Palais** 2 (Nr. 19) im spätklassizistischen Stil von 1833. Hier ist der Sitz des **Übersee-Clubs,** in dem sich die Hamburger Wirtschaftselite trifft.

Der im 17. Jh. errichtete Festungswall trennte die Binnen- von der Außenalster; eine Brücke verband zwei Bastionen: Die steinerne **Lombardsbrücke** 3 von 1865, sie gewährt den schönsten Hamburg-Blick.

WALLFAHRT 4 steht an der Zufahrt zum Wallringtunnel – ein Kunstobjekt mit Tiefsinn: Entlang dem früheren Stadtwall von der Alster bis zum Hafen liegen Kunststätten von Rang, die unter dem Namen **Kunstmeile** (www.kunstmeile-hamburg.de) eine gemeinsame Eintrittskarte anbieten, das **Bucerius KunstForum** auf dem Rathausmarkt gehört auch dazu.

Galerie der Gegenwart

Oben auf der früheren Bastion Vincent thront die **Hamburger Kunsthalle** 5 (Di bis So 10–18, Do bis 21 Uhr, www.hamburger kunsthalle.de): Der weiße Kubus für die **Galerie der Gegenwart** stammt von Oswald Mathias Ungers, er beherbergt zeitgenössische Kunst, u.a. Werke von Georg Baselitz, Sigmar Polke oder Jochen Gerz sowie hervorragende Sonderausstellungen. Die beiden 1869 und 1919 eingeweihten Gebäude der **Kunsthalle** daneben werden bis 2016 grundlegend modernisiert. Einen guten Ersatz bietet bis dahin die Sonderausstellung mit 200 herausragenden Werken aus 600 Jahren Kunstgeschichte. Zu sehen sind Werke wie das Stilleben »Kunstkammerregal« des Hamburgers Johann Georg Hinz, das »Eismeer« von Caspar David Friedrich oder Max Beckmanns »Odysseus und Kalypso«.

Palastartig wirkt der Bau des **Museums für Kunst und Gewerbe** 6 (Di–So 10–18, Do bis 21 Uhr, www.mkg-hamburg.de). Er lädt zu Ausflügen in die Welt des Designs von der Antike bis zur Moderne ein – mit Objekten aus aller Welt, denn oft bestückten Hamburger Kaufleute die Sammlung mit exotischen Mitbringseln von ihren Geschäftsreisen. Be-

MAL PAUSE MACHEN

Den Hunger zwischendurch kann man am berühmten Salatbuffet im urgemütlichen Ambiente des **Museumsrestaurants Destille** stillen und dabei die stilvollen Art-déco-Lampen bewundern.

deutende Objekte des Museums sind u. a. die Plakatkollektion, das Jugendstilzimmer und Tasteninstrumente.

Stefan-Balkenhol-Skulpturen auf langen Beinen stehen vor dem Eingang der **Zentralbibliothek** 7 (Am Hühnerposten 1, Mo–Sa 11–19 Uhr). Hier gibt es Lektüre zu allen Wissensgebieten und Unterhaltung, man kann Zeitung lesen, im Internet surfen und natürlich Bücher ausleihen. In der einstigen **Markthalle** 8 für Blumen finden Popkonzerte statt (www.markthalle-hamburg.de), es gibt **Galerien**. Der **Kunstverein** (Klosterwall 23, Di–So 12 bis 18 Uhr, www.kunstverein.de) veranstaltet Ausstellungen. Die **Freie Akademie der Künste** bietet hochinteressante Vorträge (www.akademie-der-kuenste.de).

Die **Deichtorhallen** 9 (Di–So 11–18 Uhr, www.deichtorhallen.de) zeigen in der nördlichen **Halle für aktuelle Kunst** Wechselausstellungen. Das südliche **Haus der Photographie** hütet die Sammlung des Modefotografen C.F. Gundlach, außerdem gibt es Sonderausstellungen zur Fotografie.

Revolutionäre Backstein-Formensprache der 1920er-Jahre anstelle heruntergekommener Altstadtgassen: Das **Chilehaus** 10 ★3 (Fritz Höger 1922–24) mit seiner einzigartig geschwungenen Eckfassade und der **Sprinkenhof** (ab 1927) zählen zu den Ikonen des Klinker-Expressionismus. Im Chilehaus betreibt der Fernsehkoch Christian Rach sein Restaurant **Slowman** (s. Restaurants, S. 139). Im **Meßberghof** überrascht das **Chocoversum** (Mo–So 10–18 Uhr) mit einer Tour durch die Welt der Schokolade. Das backsteinerne **Kontorhausviertel,** zusammen mit der **Speicherstadt,** sähe Hamburg gern als Weltkulturerbe der UNESCO.

Touren im Anschluss: 3, 4, 5, 7, 8

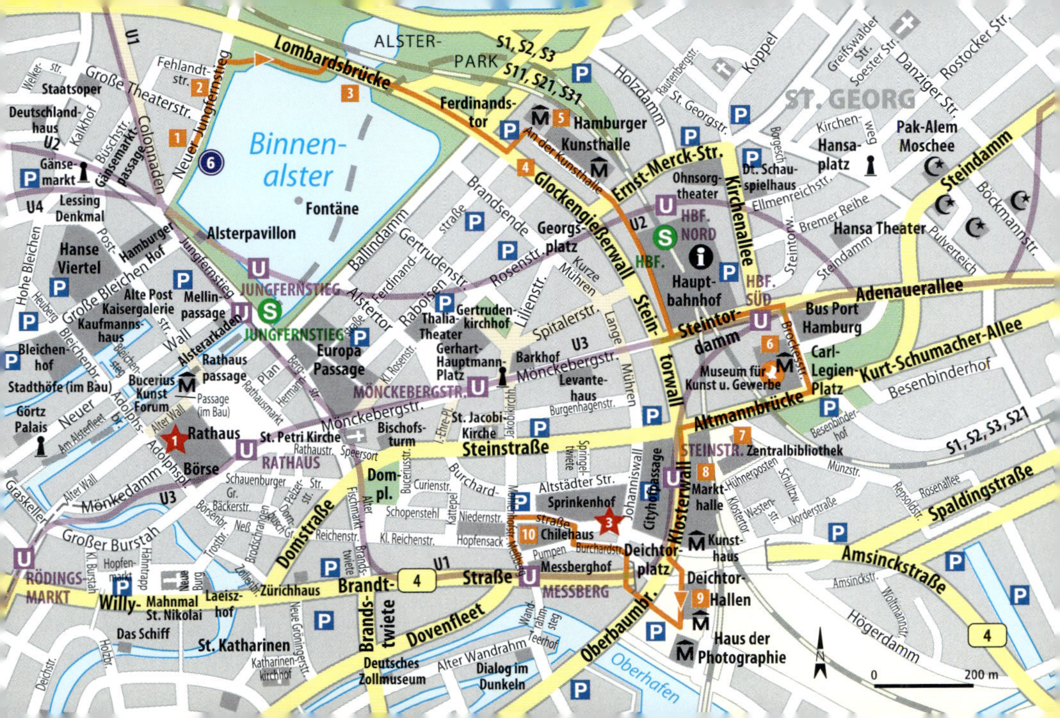

Binnenalster
Fontäne
Alsterpavillon
ALSTERPARK
Lombardsbrücke
S1, S2, S3
S11, S21, S31
Ferdinandstor
Hamburger Kunsthalle
An der Kunsthalle
Glockengießerwall
Ernst-Merck-Str.
Kirchenallee
Ohnsorg-theater
HBF. NORD
HBF.
HBF. SÜD
Hauptbahnhof
Steintordamm
Steintorwall
Museum für Kunst u. Gewerbe
Brockesstr.
Bus Port Hamburg
Adenauerallee
Carl-Legien-Platz
Kurt-Schumacher-Allee
Besenbinderhof
Altmannbrücke
Zentralbibliothek
STEINSTR.
Markthalle
Klosterwall
Kunsthaus
Deichtorplatz
Deichtor-Hallen
Haus der Photographie
Oberhafen
Oberbaumbr.
Amsinckstraße
Spaldingstraße
Högerdamm
ST. GEORG
Koppel
Holzdamm
St. Georgstr.
Rautenbergstr.
Greifswalder Str.
Soester Str.
Danziger Str.
Rostocker Str.
Kirchenweg
Hansaplatz
Pak-Alem Moschee
Steindamm
Böckmannstr.
Pulverteich
Hansa Theater
Bremer Reihe
Ellmenreichstr.
Dt. Schauspielhaus
Borgesch
Steintorw.
Georgsplatz
Brandsende
Kurze Mühren
Lange Mühren
Spitalerstr.
Lilienstr.
Rosenstr.
Gertrudenstr.
Raboisen
Ferdinandstr.
Ballindamm
Alstertor
Gertrudenkirchhof
Thalia-Theater
Gerhart-Hauptmann-Platz
Barkhof
Mönckebergstr.
MÖNCKEBERGSTR.
Levantehaus
Burgenhagenstr.
St. Jacobi-Kirche
Jakobikirchh.
Bischofsturm
Steinstraße
Springeltwiete
Johanniswall
Cityhofpassage
Altstädter Str.
Sprinkenhof
Burchardstr.
Chilehaus
Pumpen
Messberghof
MESSBERG
Mohlenhofstr.
Niedernstr.
Kattepel
Hopfensack
Kl. Reichenstr.
Reichenstr.
Domstraße
Dom-pl.
Curienstr.
Schopenstehl
Alter Fischmarkt
Brandstwiete
Brandtstraße
Willy-Brandt-Straße
Dovenfleet
Wandrahmsteg
Teerhof
Alter Wandrahm
Dialog im Dunkeln
Deutsches Zollmuseum
Neue Gröningerstr.
Katharinenkirchhof
St. Katharinen
Zürichhaus
Zollenbr.
Laeiszhof
Mahnmal St. Nikolai
Das Schiff
Holzbr.
Deichstr.
Neue Burg
Hopfenmarkt
Hahntrapp
Kl. Burstah
Großer Burstah
RÖDINGSMARKT
Trostbr.
Börsenbr.
Brodschrangen
Bäckerstr.
Neß
Gr. Reichenstr.
Schauenburger Str.
Pelzerstr.
Dornbusch
Rathaus
Börse
Rathausstr.
Speersort
St. Petri Kirche
RATHAUS
Rathausmarkt
Hermannstr.
Bergstr.
Plan
Europa Passage
Kl. Rosenstr.
Rathauspassage
Alsterarkaden
Bucerius Kunst Forum
Passage (im Bau)
Alter Wall
Adolphspl.
Adolphsbr.
Mönkedamm
Graskeller
Am Alsterfleet
Neuer Wall
Görtz Palais
Stadthöfe (im Bau)
Bleichenhof
Bleichenbr.
Bleichensteg
Kaufmannshaus
Kaisergalerie
Alte Post
Mellinpassage
Jungfernstieg
JUNGFERNSTIEG
Neuer Jungfernstieg
Große Bleichen
Hamburger Hof
Poststr.
Hanse Viertel
Hohe Bleichen
Heuberg
Lessing Denkmal
Gänsemarkt
Gänsemarktpassage
Büschstr.
Colonnaden
Große Theaterstr.
Fehlandtstr.
Staatsoper
Kalkhof
Deutschlandhaus
Welckerstr.
U1
U2
U3
U4
4
0
200 m

Tour 7

Speicherstadt ★4 – Museumsstadt

Binnenhafen › Speicherstadtmuseum › Miniatur Wunderland › Hamburg Dungeon › Deutsches Zollmuseum › Wasserschloss › Hafenrathaus

Start: Ⓤ **Baumwall (U 3)**
Ziel: Ⓤ **Überseequartier (U 4) / Auf dem Sande (Bus 6)**
Wann: **tagsüber, auch bei bedecktem Himmel; reizvolle Illuminierung bei Nacht; Museumszeiten beachten!**
Distanz: **1,5 km**

Die denkmalgeschützen roten Lagerhäuser der Speicherstadt vermitteln heute noch das Flair des 19. Jh., nicht nur bei den Teppichhändlern dort oder im sehenswerten Speicherstadt- und Gewürzmuseum. In die markanten Speicherhäuser zog in den letzten Jahren auch viel Neues ein: Historienshow, Hafenbüros, feine Restaurants und eine spektakuläre Modelleisenbahn.

Flussschifferkirche

Im **Binnenhafen** 1 herrschte im Mittelalter reger Schiffsbetrieb, jetzt sind dort nur Barkassen und Jachten zu sehen. Seit 1952 liegt hier auch »Flusi«, die **Flussschifferkirche** (Gottesdienst So 15 Uhr) vor Anker, ein 100-jähriger Leichter, der zur Kirche umgebaut wurde. Auf der gegenüberliegenden Seite erstrecken sich die malerischen Fassaden der historischen **Speicherstadt.** Ihre Lagerhäuser aus rotem Backstein waren ab 1888 das Herz des Freihafens. In den Speichern des Zollfreigebiets lagerten Gewürze, Tee, Kaffee, Kakao und Orientteppiche aus Übersee, bis sie weiterverschifft, weiterverarbeitet, veredelt oder verkauft wurden. Hamburgs Freihafenprivileg endete 2012, im Containerzeitalter wurden die aufzugslosen Speicher nicht mehr gebraucht.

Wie die Speicherstadt einst entstand, wie man die Waren mit Haspelwinden auf die Land- und Fleetseite der Lager hievte, und wie es auf den Böden (Etagen) damals aussah, zeigt das **Speicherstadtmuseum** 2 (Am Sandtorkai 36, April–Okt. Mo–Fr 10 bis 17, Sa, So 10–18 Uhr, sonst Di–So 10–17 Uhr) im Speicherblock L. Im selben Komplex regt **Spicy's Gewürzmuseum** (Nr. 34, Juli–Okt. tgl. 10–17 Uhr, sonst Di–So) die Sinne an: Die lehrreiche Ausstellung zeigt den Weg exotischer Gewürze von der Pflanze bis ins Supermarktregal. Nachbar **Habibullah Rahimi** beweist, dass Orientteppichfirmen die Speicher auch heute noch nutzen.

Miniatur Wunderland

Das schmale **Kehrwiederfleet** trennt Speicherblöcke L und D. Lange Warteschlangen zeigen an, wo es zu Hamburgs größtem Besuchermagneten geht: **Miniatur Wunderland** 3 ★5 (Kehrwieder 2, Öffnungs- und Wartezeiten, Reservierungen: www.miniatur-wunderland.de) ist eine faszinierende Eisenbahnwelt mit 13 000 m Gleislänge. Man entdeckt Schweizer Bergbahnen, das glitzernde Las Vegas oder Skandinaviens Küsten mit Schiffen bei Ebbe und Flut. Im Wunderland fahren über 930 Minizüge, auch die Straßen sind mit insgesamt 215 000 Figürchen Tag und Nacht belebt.

Grauenerregende Episoden aus der Geschichte der Stadt spielen sich nebenan im **Hamburg Dungeon** ab (tgl. 10–18, Juli, August 10–19 Uhr, Res. 0 18 05/66 69 01 40): Wer den Grusel liebt, wohnt der Hinrichtung des Piraten Klaus Störtebeker bei oder erlebt den Großen Brand von 1842 und weitere hansestädtische Schreckensszenen. Beim Spaziergang auf den Sturmflutschutzmauern am **Zollkanal** hat man ein perfektes Panorama der Speicherstadt. Am Speicherblock P prangt in Goldlettern **Hamburg Port Authority** **4**, Sitz der Hafenbehörde, die ihre Büros auf früheren Speicherböden eingerichtet hat. Im ehemaligen Freihafen hat das **Deutsche Zollmuseum** **5** (Alter Wandrahm 16, Di–So 10–17 Uhr) seinen Standort. Die Sammlung berichtet von Kaffeeriechern und zeigt merkwürdige Reisesouvenirs, spannend ist auch die Abteilung über Schmuggelgut und Produktpiraterie.

Brücke am Zollkanal

Eingebettet zwischen zwei Fleete liegt eins der schönsten und meistfotografierten Häuser der Speicherstadt: Im Restaurant und Teekontor **Wasserschloss** **6** (s. Restaurants, S. 139) (Dienerreihe 4) kann man genussvoll essen und stilvoll Tee genießen. Prächtige Neorenaissance ziert die Fassade vom **Hafenrathaus** **7**, wie man das Verwaltungsgebäude der **H**amburger **H**afen- und **L**agerhaus **AG** nennt. Die HHLA bewirtschaftet große Teile des Hafens. Studiert man die Firmenschilder in den alten Pflasterstraßen **St. Annenufer, Pickhuben** und **Brook,** trifft man auf eine äußerst bunte Mischung: Teppichhändler neben Designbüros – und sogar ein Honorarkonsulat hält hier Hof.

MAL PAUSE MACHEN

Das **Fleetschlösschen,** einst ein Toilettenhäuschen, steht halb über dem Fleet. Glücklich, wer hier einen Platz ergattert, um einen Kaffee zu trinken.
- Brooktorkai 17, 8–22 Uhr

Touren im Anschluss: 1, 6, 8, 9

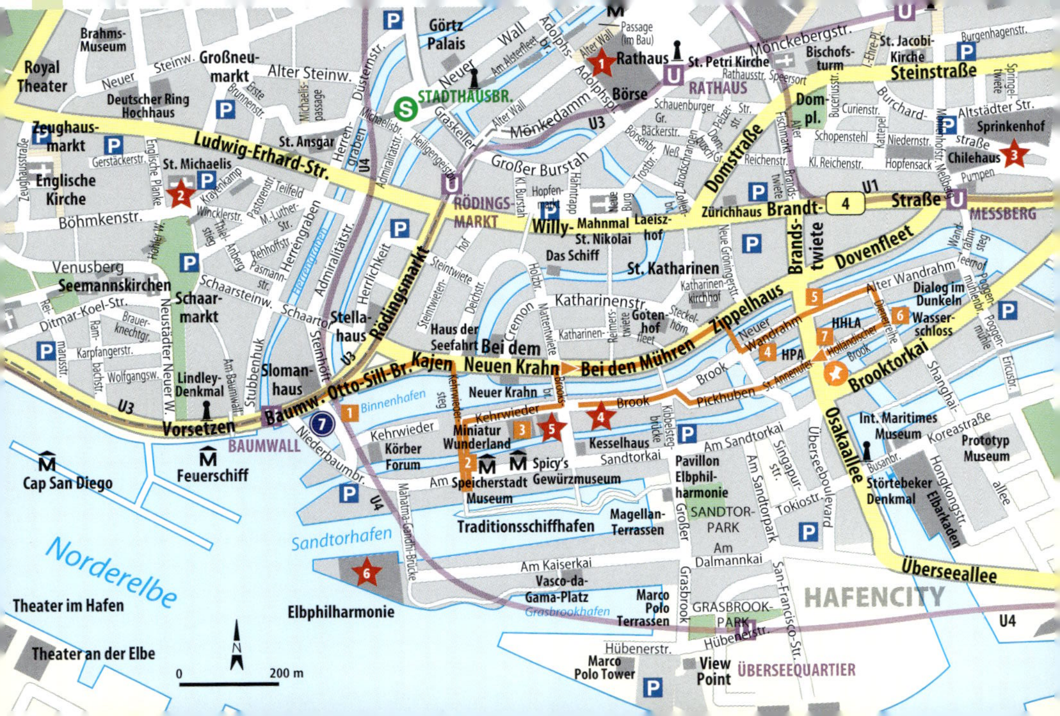

Royal Theater
Brahms-Museum
Großneumarkt
Alter Steinw.
Deutscher Ring Hochhaus
Zeughausmarkt
Ludwig-Erhard-Str.
St. Michaelis
Englische Kirche
Englische Planke
Gerstäckerstr.
Böhmkenstr.
St. Ansgar
Michaelis-passage
Düsternstr.
Görtz Palais
STADTHAUSBR.
Neuer Wall
Adolphsbr.
Alter Wall
Passage (im Bau)
Rathaus
Börse
St. Petri Kirche
RATHAUS
Mönckebergstr.
Bischofsturm
St. Jacobi-Kirche
Steinstraße
Burgenhagenstr.
Altstädter Str.
Sprinkenhof
Chilehaus
Burchard-straße
Dompl.
Domstraße
Mönkedamm
Adolphspl.
Schauenburger Str.
Großer Burstah
Herrengraben
Admiralitätstr.
Michaelisbr.
Heiligengeistbr.
Graskeller
RÖDINGSMARKT
Rödingsmarkt
Hopfenmarkt
Willy-Brandt-Straße
Mahnmal St. Nikolai
Laeiszhof
Zürichhaus
MESSBERG
Das Schiff
St. Katharinen
Katharinenstr.
Brandstwiete
Dovenfleet
Venusberg
Seemannskirchen
Schaarmarkt
Schaarsteinw.
Ditmar-Koel-Str.
Neustädter Neuer W.
Stella-haus
Slomanhaus
Lindley-Denkmal
Vorsetzen
Baumw.
Otto-Sill-Br.
Kajen
Bei dem Neuen Krahn
Haus der Seefahrt
Bei den Mühren
Zippelhaus
Goten-hof
Cremon
Alter Wandrahm
Neuer Wandrahm
Dialog im Dunkeln
Wasserschloss
HHLA
HPA
Brooktorkai
Binnenhafen
BAUMWALL
Niederbaumbr.
Kehrwieder
Neuer Krahn
Miniatur Wunderland
Kesselhaus
Körber Forum
Am Sandtorkai
Speicherstadt Museum
Spicy's Gewürzmuseum
Pickhuben
Brook
Osakaallee
Int. Maritimes Museum
Prototyp Museum
Störtebeker Denkmal
Elbarkaden
Pavillon Elbphilharmonie
SANDTORPARK
Am Sandtorpark
Überseeboulevard
Traditionsschiffhafen
Magellan-Terrassen
Sandtorhafen
Mahatma-Gandhi-Brücke
Cap San Diego
Feuerschiff
Norderelbe
Elbphilharmonie
Am Kaiserkai
Vasco-da-Gama-Platz
Grasbrookhafen
Marco Polo Terrassen
Am Dalmannkai
GRASBROOK-PARK
HAFENCITY
Überseeallee
San-Francisco-Str.
Hübenerstr.
Marco Polo Tower
View Point
ÜBERSEEQUARTIER
Theater im Hafen
Theater an der Elbe
U1
U3
U4
0
200 m
N

Tour 8

HafenCity – Hamburg im 21. Jahrhundert

Kesselhaus › Sandtorhafen › Überseeboulevard › Internationales Maritimes Museum › Lohsepark › HafenCity-Universität › Unileverhaus › Elbphilharmonie

Start: Auf dem Sande (Bus 6)
Ziel: Anleger Elbphilharmonie (Fähre 72 bis Landungsbrücken)
Wann: tagsüber jederzeit
Distanz: 5 km

Die moderne HafenCity nahe der Innenstadt wächst mit enormer Geschwindigkeit, der Prestigebau der Elbphilharmonie wird nach langer Bauzeit Anfang 2017 eröffnet. Trotz Baustellen ist der brandneue Stadtteil längst Ziel für Flaneure, die über die maritimen Promenaden bummeln, in den neuen Geschäften stöbern, nette Lokale aufsuchen und ungewöhnliche Museen entdecken.

HafenCity InfoCenter

Klein wirkt das **Kesselhaus** 1 zwischen den Lagerhäusern der Speicherstadt; das Dampfkraftwerk war ab 1886 ihre Energiezentrale, heute ist dort das **HafenCity InfoCenter** (Di–So 10–18, Mai bis Sept. Do bis 20 Uhr, www.hafencity.com) untergebracht. Hier gibt es Informationen und Führungen (ganzjährig Sa 15 Uhr) zu dem ehrgeizigen Stadtplanungsvorhaben **HafenCity.** Auf dem 1,5 km² großen nicht mehr benötigten Hafengebiet zwischen Speicherstadt und Elbbrücken ist ein visionäres, multifunktionales Stadtviertel im Entstehen. Die ersten Bauten stehen dem Kesselhaus gegenüber: mehrstöckige Würfel der 2000er-Jahre mit der Südfront zum **Sandtorhafen.** Dieser war vor rund 150 Jahren Hamburgs erstes künstliches Hafenbecken. Heute schmücken den **Traditionsschiffhafen** 2 fahrtüchtige Schiffsveteranen.

Ein urbanes Kunstwerk ist die breite, einladende Treppenlandschaft der **Magellanterrassen** 3. Der anschließende kleine **Sandtorpark** 4 erinnert eher an Landart als an einen Naturgarten – durchaus passend zu den modernen Zweckbauten ringsum. Die Kinder der **Katharinenschule** am Südrand des Parks nutzen das Dach ihres Gebäudes als Pausenhof. Durch das östlich anschließende **Überseequartier** führt der **Überseeboulevard** 5 als Bummelmeile mit Läden für den täglichen Bedarf und viel Mode, dazu Restaurants und Cafés. Vom Nordende der Fußgängerzone blickt man auf die Speicherstadt. Ihr ältester Bau, Kaispeicher B von 1878, wurde der HafenCity einverleibt und von Grund auf restauriert in das **Internationale Maritime Museum** 6 (Koreastr. 1, Di–So 10–18 Uhr, www.internationales-maritimes-museum.de) verwandelt. Es fasziniert mit Exponaten zur Seefahrtsgeschichte, Navigation, Marinemalerei und der weltgrößten Schiffsmodellsammlung. Keine 200 m entfernt kommen auch Landratten auf ihre Kosten: Bolidenfans legen im **Automuseum PROTOTYP** 7 (Shanghaiallee 7, Di–So 10–18 Uhr) einen Boxenstopp für schneidige Rennwagen-Originale ein.

Maritimes Museum

Wo im 17. Jh. die Bastion »Ericus« die Stadt schützte, steht seit 2012 der mächtige Glasbau des Verlagshauses **Der Spiegel** an der **Ericusspitze** 8, gut zu überblicken vom **Lohsepark** 9.

Die größte Grünanlage der HafenCity erstreckt sich ab 2015/16 südwärts zum neu entstehenden Wohnquartier **Baakenviertel** und ist auch Gedenkort für Deportierte des Naziregimes. Über die elegante **Baakenhafenbrücke** 10 erreicht man den futuristischen Aussichtsturm **View Point** 11.

Eine Uferpromenade verbindet die auf Architektur und Stadtplanung ausgerichtete **HafenCity Universität** 12 mit den **Elbarkaden** 13, darin residieren u. a. die **Greenpeace-Zentrale** (Mo–Fr 11–18 Uhr), das Forum Hamburger Designer **Designxport** (Di bis Sa 12–18 Uhr), das **ElbTheater** und Restaurants.

Am Grasbrookhafen

Vorbei am **Denkmal des Piraten Klaus Störtebeker,** der hier 1401 geköpft worden sein soll, und über den südlichen Überseeboulevard gelangt man zum **Grasbrookpark** 14, einem der beliebtesten Spielplätze der Stadt – mit echtem Seeräuberfeeling. Am **Hamburg Cruise Center** 15 machen jährlich fast 100 aufsehenerregende Kreuzfahrtschiffe fest, die man vom **Unileverhaus** 16 (Designmarkt im Atrium Sa 11 bis 18 Uhr) bestens beobachten kann.

MAL PAUSE MACHEN

Auf den Treppenstufen oder Liegestühlen beim **Eiscafé im Unileverhaus** lässt es sich mit Blick auf die Elbe herrlich verschnaufen; nebenan liegt oft ein gigantischer Cruise-Liner.

- Mo–Fr 7–19, Sa, So 10–19 Uhr

Aussichtsreich ist der Bummel über die **Marco-Polo-Terrassen** 17 zum architektonischen Höhepunkt der HafenCity, der **Elbphilharmonie** 18 ★6 ♥3 (Architekten: Herzog & de Meuron). Ab 2017 dient der Bau u. a. als Konzerthaus, Hotel und Treffpunkt mit fantastischem Blick auf den Hafen.

Touren im Anschluss: 1, 6, 7

St. Ansgar
Herrengraben
Großer Burstah
St. Nikolai
Domstraße
Sprinkenhof
Chilehaus
Messberghof
Deichtorplatz
Kunsthaus
Deichtor-Hallen
Haus der Photographie
S3, S31
Bankstraße
Stadtdeich
Rödingsmarkt
Willy-Brandt-Straße
Zürichhaus
Laeiszhof
Das Schiff
St. Katharinen
Dovenfleet
Oberbaumbr.
Deutsches Zollmuseum
Dialog im Dunkeln
Zippelhaus
Bei den Mühren
Neuen Krahn
Kajen
Otto-Sill-Br.
Stellahaus
Slomanhaus
Haus der Seefahrt
Brooktorkai
Oberhafen
Ericusgraben
Baumwall
Binnenhafen
Zollkanal
Hamburg Dungeon
Miniatur Wunderland
Körber Forum
Spicy's Gewürzmuseum
Speicherstadtmuseum
Kesselhaus
Pavillon Elbphilharmonie
Internationales Maritimes Museum
Osakaallee
Störtebeker Denkmal
Elbarkaden
Prototyp Museum
Lohsepark
HafenCity
HafenCity Universität
Versmannstraße
Überseeallee
Überseeboulevard
Traditionsschiffhafen
Magellan-Terrassen
Sandtorpark
Sandtorhafen
Elbphilharmonie
Vasco-da-Gama-Platz
Grasbrookhafen
Marco-Polo-Terrassen
Grasbrookpark
Marco Polo Tower
Unileverhaus
View Point
Überseequartier
Baakenhafen
Hamburg Cruise Center HafenCity
Norderelbe
0
200 m

Tour 9

Galão und Diesel – der Duft der weiten Welt

Baumwall › Cap San Diego › Dietmar-Koel-Straße › Landungsbrücken › Rickmer Rickmers › Alter Elbtunnel

Start: Ⓤ Baumwall (U 3)
Ziel: Ⓢ/Ⓤ Landungsbrücken (S 1, 3; U 3)
Wann: am Hafen, besonders romantisch bei Sonnenuntergang
Distanz: 3 km

Am Ufer der Elbe zwischen Überseebrücke und Altem Elbtunnel ist man dem Maschinengeruch der Ozeanriesen genauso nahe wie dem verlockenden Duft portugiesischer Galãos. Für den schönsten Hamburg-Blick muss man erst durch den alten Elbtunnel laufen.

MAL PAUSE MACHEN

Einmal Kapitän sein und auf große Fahrt gehen: Der weite Blick vom hohen **Brückendeck der Cap San Diego** lädt zum Träumen ein.
Riecht die Luft nicht irgendwie schon salzig?

Allein schon für den Elb- und Hafenblick lohnt es sich, am **U-Bahnhof Baumwall** 1 auszusteigen. Die breite **Promenade** an der Wasserkante (Design: Zaha Hadid) dient auch dem Sturmflutschutz. An der **Überseebrücke** liegt die **Cap San Diego** 2 (tgl. 10 bis 18 Uhr), der »weiße Schwan des Südatlantiks«. Der Hamburger Architekt Cäsar Pinnau schuf das schnittige Design des Frachters, der 1961 vom Stapel lief und schon nach 25 Jahren Einsatz zum Museumsschiff wurde. Ein Audio-Guide leitet Besucher vom Maschinenraum mit dem riesigen MAN-Schiffsdiesel bis auf die Brücke. Das Schiff ist voll seetüchtig, immer mal wieder macht es Spritztouren, z. B. beim Hafengeburtstag.

Nördlich der U-Bahn-Trasse geben Bauelemente wie Bullaugen, Brücken und Relings dem **Verlagsgebäude von Gruner+ Jahr** 3 einen maritimen Eindruck. Hier entstehen Zeitschriften wie der Stern, Geo, Brigitte und andere bekannte Magazine. Wenig weiter blickt man auf Hamburgs Wahrzeichen, die **St. Michaeliskirche.**

Die Ditmar-Koel-Straße ist nur kurz, aber sie besitzt vier skandinavische **Seemannskirchen** 4, die dänische, norwegische und finnische stehen am Nordende der Straße, die schwedische am Südende. Dazwischen weht hier und in den angrenzenden Gassen allerdings ein ordentlicher Südwind: Wir befinden uns mitten im **Portugiesenviertel** 5. Fast Tür an Tür reihen sich portugiesische Lokale, man sitzt wie im Süden Europas draußen, trinkt Galão zu süßen Natas, abends isst man Kaninchen im Tontopf, Seafood oder leckeren Fisch zu Vinho Verde oder Dao, z.B. im **D. José** (Ditmar-Koel-Str. 11, €€) oder Seafood im **Nau** (Nr. 13; s. Restaurants, S. 137). Souvenirshops locken mit attraktiven Schifffahrtsandenken.

St. Pauli-Landungsbrücken

Nur ein paar Schritte sind es zur Elbe und den **St. Pauli-Landungsbrücken** 7. Wo vor über 100 Jahren große Transatlantikliner nach Übersee ablegten, starten heute **Hafenrundfahrten,** diverse Fähren wie die **HVV-Fähre 62** Richtung Finkenwerder (Brücke 3, ca. alle 15 Min.) und der **Halunder Jet,** der Katamaran nach Helgoland (Ende März–Ende Okt.). Mit Flut und Ebbe steigen und fallen die schwimmenden Pontons zweimal täglich um etwa 3,60 m – bei Sturmfluten können es auch ein paar Meter mehr werden. Wenn man auf den schwankenden Pontons mit ihren an- und abfahrenden Ausflugsschiffen, Souvenirshops und einfachen Esslokalen flaniert, kommt echtes Hafenfeeling auf.

Über Brücke 1 gelangt man zum Museumsschiff **Rickmer Rickmers** 6 (tgl. 10–18 Uhr). Die grün-rote Bark – der höchste Mast misst 47 m – erinnert an die große Zeit der Frachtsegler und die harte Arbeit der Matrosen; unter Deck gibt es ein gemütliches Restaurant.

Eine tolle Sicht auf den lebhaften Schiffsverkehr hat man vom **Aussichtsdeck** der Landungsbrücken, besser noch vom ehemaligen **Landungsbrücken-Abfertigungsgebäude** an Land: Das

Rickmer Rickmers

Blockbräu 7 (s. Restaurants, S. 134) serviert deftige Speisen zum hauseigenen Bier – bei bester Aussicht von der riesigen Dachterrasse. Außer dem nimmermüden Schiffsverkehr erblickt man auch zwei Musicaltheater. Seit 2014 glänzt am jenseitigen Ufer das **Theater an der Elbe,** nebenan ist das zeltartige **Theater im Hafen** (s. Nightlife, S. 147) seit 1994 ein Publikumsmagnet.

Der **Alte Elbtunnel** 8 ★8 von 1911 galt einst als technische Sensation: Aufzüge brachten ganze Pferdefuhrwerke zur Tunnelsohle. Die Lifte versehen noch heute ihren Dienst und nehmen Autos auf. Fußgänger schauen aus gläsernen Fahrstühlen in den 23 m tiefen Schacht. Zwei 426 m lange Tunnelröhren, auch für Fußgänger begehbar, führen hinüber nach **Steinwerder,** Standort der Werft Blohm & Voss. Der Weg lohnt, denn die **Aussichtsplattform** 9 bietet die reizvollste Sicht auf die Skyline Hamburgs.

Touren im Anschluss: 2, 7, 11, 12, 13

Reeperbahn
St. Pauli
Millerntorplatz
Millerntordamm
Hamburgmuseum
Imperial Theater
Tanzende Türme
Operettenhaus
Panoptikum
Helgoländer Allee
Alter Elbpark
Bismarck Denkmal
Englische Kirche
Zeughausmarkt
St. Michaelis
Ludwig-Erhard-Str.
Großneumarkt
Alter Steinw.
Deutscher Ring Hochhaus
Brahms-Museum
St. Ansgar
Stadthöfe (im Bau)
Görtz Palais
Neuer Wall
Stadthausbr.
Rathaus
Börse
Mönkedamm
Großer Burstah
Rödingsmarkt
Willy-Brandt-Str.
Mahnmal St. Nikolai
Laeiszhof
Das Schiff
Katharinenstr.
Haus der Seefahrt
Bei dem Neuen Krahn
Bei den Mühren
Kajen
Otto-Sill-Br.
Baumwall
Stella-haus
Sloman-haus
Vorsetzen
Gruner + Jahr
Schaarmarkt
Seemannskirchen
Venusberg
Böhmkenstr.
Seewartenstr.
Stintfang
Landungsbrücken
St. Pauli Hafenstraße
Gustaf-Adolfs-Kirche
Ditmar-Koel-Str.
Blockbräu
Rickmer Rickmers
Cap San Diego
Feuerschiff
Alter Elbtunnel
Steinwerder Aussichtsplattform
Norderelbe
Hotel Empire Riverside
Tropeninstitut
Bernhard-Nocht-Str.
Neuer Krahn
Kehrwieder
Körber Forum
Miniatur Wunderland
Hamburg Dungeon
Kesselhaus
Spicy's Gewürzmuseum
Speicherstadt Museum
Binnenhafen
Sandtorhafen
Sandtorkai
Mahatma-Gandhi-Brücke
Traditionsschiffhafen
Magellan-Terrassen
Elbphilharmonie
Am Kaiserkai
Vasco-da-Gama-Platz
Grasbrookhafen
Marco-Polo-Terrassen
Marco Polo Tower
Hübenerstr.
Theater im Hafen
Theater an der Elbe
Fährkanal
Am Elbtunnel
H.-Blohm-Str.
0
200 m

Tour 10

In-Plätze: Karolinen- und Schanzenviertel

Marktstraße › Alte Rinderschlachthalle › Alte Pianofortefabrik › Rote Flora › Susannenstraße › Schanzenhöfe

Start: Ⓤ Messehallen (U 2)
Ziel: Ⓢ/Ⓤ Sternschanze (S 11, 21, 31; U 3)
Wann: jederzeit
Distanz: 2 km

Das Karolinen- und Schanzenviertel, einst ein lukratives Gewerbegebiet mit Schlachthof, Klavierfabrik und Produktionsstätte von Montblanc-Füllfederhaltern, drohte zu verkommen, als das Gewerbe abwanderte. Aber dann rückten Hausbesetzer und kreative Yuppies nach und verwandelten die Gewerbebrachen in Kneipen, Ateliers und Galerien. Nur wenige Jahre brauchte es, dass beide Viertel zu Szenestadtteilen aufstiegen.

Marktstraße

Die **Karolinenstraße** gab den Namen für das gründerzeitliche Wohn- und Gewerbequartier westlich der **Messehallen.** Hauptachse des **Karoviertels** ist jedoch die **Markstraße** 1. Sie hat sich mit ihren kleinen, aber originellen Modeateliers in den letzten Jahren zur eigenwilligen Modemeile gemausert: T-Shirts von Godehard Bohles **Shirtlab** beispielsweise (Nr. 16; s. Shopping, S. 144), die mit starken Motiven vom Hafen oder dem T1-VW-Bus Furore machen. Kleider im Retrostil der Sixties sind bei **garment** (Nr. 25, garment.online.de) zu haben, schicke Anzüge für den

Mann bei **Herr von Eden** (Nr. 33, www.herrvoneden.com). Auch die Lokale haben ein erfrischendes Karo-Flair: Im **Café Klatsch** (Glashüttenstraße 17, €) kann man im Souterrain den ganzen Tag frühstücken; im Café **Yoko Mono** (Marktstraße 41, €) sitzt man im Sommer gemütlich unterm Baum.

Café Yoko Mono

Jenseits der U-Bahn-Trasse gerät man auf das frühere Schlachthofgelände – heute existiert dort nur noch ein Fleischgroßmarkt. Viele der alten Schlachthofbauten haben eine neue Funktion: Die **Alte Rinderschlachthalle** **2** (Neuer Kamp 30) von 1911 ist heute ein modernes Vielzweckzentrum, auch ein Flohmarkt und die Musikkneipe **Knust** sind dort zu finden. Gegenüber ist das moderne **Karostar Musikzentrum** (Neuer Kamp 32) Anlaufstelle für Hamburgs Musikszene – bei **Hanseplatte** (Mo–Fr 11–19, Sa 10 bis 18 Uhr, www.hanseplatte.de) kauft man nur Musik von Hamburger Bands.

Schanzenstraße

Die **Rindermarkthalle** **3**, in der in den 1950er-Jahren über 2500 Tiere täglich zu Fleisch verarbeitet wurden, hat sich in eine riesige, quicklebendige Markthalle verwandelt (s. Shopping S. 144).

Die enge, um 1860/70 angelegte, **Beckstraße** **4** ist eine typische »alte Hamburger Terrasse« mit Arbeiterwohnungen. Sie reicht bis zur belebten **Schanzenstraße,** die zusammen mit der davon abzweigenden Straße **Schulterblatt** die Hauptgeschäftsstraßen des **Schanzenviertels** bildet. Die Straße mit dem anatomischen Namen war schon zur Segelschiffszeit eine beliebte Kneipenmeile.

Während viele Hausfassaden eher marode wirken, bietet sich auf manchem Hinterhof ein ganz anderes Bild: Die roten Backsteingebäude der **Alten Pianofortefabrik** 5 von 1873 sind heute luxussaniert und Standort von Werbeagenturen und teuren Lofts. Bei genauerem Hinsehen entdeckt man jedoch auch alteingesessene Geschäfte am Schulterblatt, so **Stüdemanns Kaffee &Teeladen** 6 (Nr. 57; s. Shopping, S. 145) und das 1932 gegründete **Café Stenzel** (Nr. 61, €) mit 50 Sorten Gebäck. Gemütliche Adressen wie das **Café Schmidtchen** (Nr. 73, €) oder vis à vis die **Pastelaria Transmontana** (Nr. 86, €) bilden einen Kontrast zur graffitiübersäten **Roten Flora** 7 (Nr. 71). Das seit 1989 besetzte ehemalige Flora-Theater ist Ausgangspunkt für so manche Straßenschlacht der alternativen Szene.

Die größte Dichte an Kneipen und Cafés findet man im Abzweig **Susannenstraße** 8. In der ruhigen **Bartelsstraße** benutzt das **Hotel Schanzenstern** 9 mit Bio-Restaurant (Nr. 12, €–€€, www.schanzenstern.de) einen Teil der ehemaligen Fabrikgebäude der Montblanc-Füllfederhalterfabrik. Auch das **Kino 3001** (Schanzenstr. 75) mit seinem politisch akzentuierten Programm steht auf dem Montblanc-Werksgelände.

Den angeblich besten Kaffee der Stadt gibt es in den renovierten Schlachthof-Viehhallen, den **Schanzenhöfen** 10 (Lagerstraße 26–34). Die Betreiber von **Elbgold** (Nr. 34c) suchen ihre Rohkaffees selbst in den Ursprungsländern aus, geröstet wird neben dem Café. Die **Bullerei** (Nr. 34b, s. Restaurants, S. 133) ist das Reich von Fernsehkoch Tim Mälzer.

MAL PAUSE MACHEN

Über 20 Kaffeespezialitäten – so viel Liebe bei der Zubereitung fürs Getränk bietet nur **Café Elbgold.** Dabei lässig auf Kaffeesäcken lümmeln.

- Lagerstraße 34 c
  Mo–Fr 8–19, Sa 9–19, So 10–18 Uhr

Touren im Anschluss: 2, 11, 12

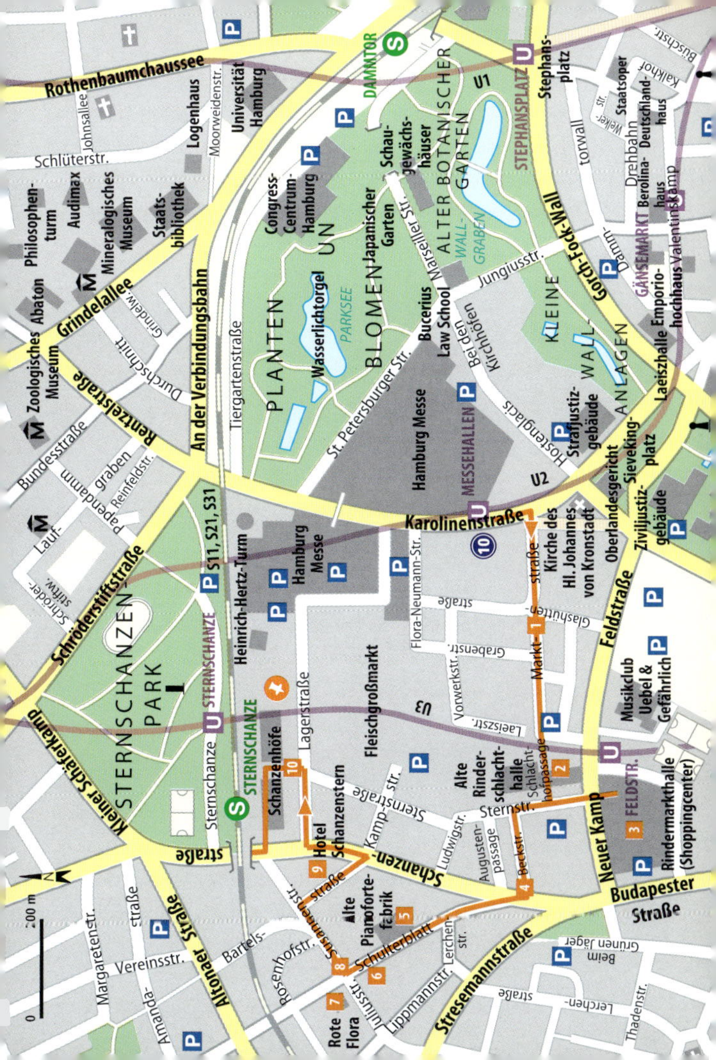

Rothenbaumchaussee
Dammtor
Stephansplatz
Universität Hamburg
Logenhaus
Moorweidenstr.
Schlüterstr.
Johnsallee
Philosophenturm
Audimax
Mineralogisches Museum
Staatsbibliothek
Abaton
Zoologisches Museum
Grindelallee
Rentzelstraße
An der Verbindungsbahn
Tiergartenstraße
Congress-Centrum-Hamburg
Planten un Blomen
Parksee
Wasserlichtorgel
Japanischer Garten
Schaugewächshäuser
Alter Botanischer Garten
Wallgraben
Marseiller Str.
St. Petersburger Str.
Bucerius Law School
Jungiusstr.
Gorch-Fock-Wall
Kleine Wallanlagen
Bei den Kirchhöfen
Holstenglacis
Strafjustizgebäude
Hamburg Messe
Messehallen
Karolinenstraße
Kirche des Hl. Johannes von Kronstadt
Oberlandesgericht
Sievekingplatz
Ziviljustizgebäude
Laeiszhalle
Emporio-hochhaus
Gänsemarkt
Valentinskamp
Staatsoper
Deutschlandhaus
Dammtorwall
Drehbahn
Berolina-Haus
Kalkhof
Büschstr.
Heinrich-Hertz-Turm
Sternschanze
Sternschanzenpark
S11, S21, S31
Schröderstiftstraße
Kleiner Schäferkamp
Schanzenhöfe
Lagerstraße
Fleischgroßmarkt
Flora-Neumann-Str.
Glashüttenstraße
Grabenstr.
Vorwerkstr.
Laeiszstr.
Marktstraße
Alte Rinderschlachthalle
Schlachthofpassage
Feldstraße
Musikclub Uebel & Gefährlich
Neuer Kamp
Rindermarkthalle (Shoppingcenter)
Budapester Straße
Stresemannstraße
Hotel Schanzenstern
Schanzenstraße
Sternstraße
Kampstr.
Ludwigstr.
Augustenpassage
Beckstr.
Alte Pianofortefabrik
Schulterblatt
Susannenstr.
Rosenhofstr.
Juliusstr.
Rote Flora
Lippmannstr.
Lerchenstr.
Altonaer Straße
Bartelsstr.
Vereinsstr.
Margaretenstr.
Amandastraße
Bundesstraße
Papendamm
Laufgraben
Reinfeldstr.
Durchschnitt
Grindelw.
Beim Grünen Jäger
Thadenstr.
U1
U2
U3
0 200 m
N

Tour 11

St. Pauli bei Tag

Landungsbrücken › Millerntor › Heiligengeistfeld › Spielbudenplatz › Davidwache › Sankt Pauli Museum › Antonipark › Hein-Köllisch-Platz › Nobistor

Start: Ⓢ/Ⓤ **Landungsbrücken (S 1, 3; U 3)**
Ziel: Ⓢ **Reeperbahn (S 1, 3)**
Wann: **tagsüber mit Familie, besonders am Freitag- oder Samstagnachmittag**
Distanz: **3,5 km**

Der Kiez, das berühmte Vergnügungsviertel rund um die Reeperbahn, erwacht erst am Abend so recht zum Leben, dennoch lohnt sich ein Bummel auch tagsüber. Man schaut beim FC St. Pauli vorbei, geht ins Panoptikum oder Sankt Pauli Museum. Vor allem aber mischt man sich am Antonipark oder auf dem Hein-Köllisch-Platz unter echte St. Paulianer.

Landungsbrücken

Steigt man gegenüber **Landungsbrücke 3** die Willi-Bartels-Treppe hinauf, ist man schon mitten »auf **St. Pauli**« und in Wilhelm Bartels' Revier: Der »König von St. Pauli« (1914–2007) war der größte Immobilienbesitzer auf dem Kiez. Vor der Terrasse seines **Hotels Hafen Hamburg** 1 (Tipp: grandioser Blick aus der **Towerbar**, tgl. 18–2 Uhr) erinnert eine alte Sudpfanne an die einstige Bavaria-St. Pauli-Brauerei ganz in der Nähe. Ihr »Astra-Bier« gehört bis heute zum Lebensgefühl auf St. Pauli; seit 2003 wird es jedoch in Altona gebraut. Durch die Bäume im Park östlich des Hotels sieht man Hugo Lederers wuchtiges **Bismarckdenkmal** von 1906 auf dem einstigen Stadtwall.

Von Hamburg in die Vorstadt St. Pauli kam man früher durchs **Millerntor.** Vom Tor ist nur noch die säulengeschmückte **Millerntorwache** 2 von 1819 erhalten. Bekannter ist das **Millerntorstadion** 3, Heimat des FC St. Pauli. 30 000 Fans können hier die Heimspiele des Fußballbundesligisten erleben. Auf dem **Heiligengeistfeld** nebenan geht es dreimal im Jahr rund: Jeweils für vier Wochen ist **Dom** (März/April; Juli/Aug; Nov./Dez.), das größte Volksfest im Norden mit jährlich 10 Millionen Besuchern.

Hamburger Volksfest »Dom«

Nahebei zeigt das Hotel **East** 4 (Simon-von-Utrecht-Straße 31), wie sich das alte St. Pauli modernisiert: Eine frühere Eisengießerei gestaltete der amerikanische Architekt Jordan Mozer in ein Design-Hotel um (s. Hotels, S. 131). Unter dem rohen Ziegelgewölbe des originellen Restaurants (€€) wird asiatisch inspirierte Küche serviert.

Die **Reeperbahn** 9, Hauptstraße durch den Kiez und Hamburgs Eventmeile, ist Tag und Nacht belebt. Am **Spielbudenplatz,** an dem sich, wie der Name ausdrückt, die Hamburger schon vor über 200 Jahren vergnügten, reihen sich Tür an Tür Restaurants, Läden und Nachtbars sowie bekannte Musical-, Theater-, und Showbühnen. Von den beiden riesigen Bühnen auf dem Platz schallt öfter mal fetzige Live-Musik beispielweise beim Reeperbahn Festival (Ende Sept.), bei Schlagermove (Juli) und der Grand-Prix-Party des NDR. Im Sommer versammeln sich auf dem Spielbudenplatz Markstände zum St. Pauli Nachtmarkt jeden Mittwoch (April–Okt. 18–23 Uhr). Ringsherum reihen sich weitere Attraktionen: Im Wachsfigurenkabinett **Panoptikum** 5 (Nr. 3, Mo–Fr 11–21, Sa 11–24, So 10–21 Uhr) sind 120 lebensecht aussehende Promis zu bestaunen, darunter auch St. Pauli-Größen wie Hans Albers oder Udo Lindenberg. Am Ende steht man vor der **Davidwache** 6 (Nr. 31), die durch die Krimiserie »Großstadtrevier« fast jeder kennt. Hier aber nicht zur Besichtigung hineingehen, sondern um die Ecke in die **Davidstraße** ins **Sankt Pauli Museum** 7 (Nr. 17, Di, Mi 11–21, Do, Fr 11–23, Sa 11–0, So 11 bis 18 Uhr), das den Kiez in Bildern und erstaunlichen Dokumenten präsentiert.

Panoptikum

Auf den Kiez als Wohnort weisen die mit Parolen bemalten Häuser beim **Antonipark** 8 hin. In der kleinen Grünoase mit Hafenblick trifft man echte St. Paulianer, relaxt mit und ohne Hund, beim Ballspiel oder Picknick. Hinter Mietshäusern und der **St. Pauli-Kirche** liegt kopfsteingepflastert der **Hein-Köllisch-Platz** 9 – gemütlich wie ein Dorfplatz! **Café Geyer** oder die **Q-Bar** (Silbersacktwiete 6, ab 17 Uhr) zeigen ein entspanntes St. Pauli. Urig wie früher, aber an neuer Stelle: Der **Hundertmark Westernstore** 10 (Nobistor 8, s. Shopping, S. 142) bietet Cowboystiefel und Jeans in allen Größen; enorm ist die Auswahl an FC St. Pauli-Fanartikeln oder abgefahrenen Souvenirs.

MAL PAUSE MACHEN

Kaum zu glauben – der Hein-Köllisch-Platz, nur wenige Schritte von der Reeperbahn entfernt, ist eine Ruheoase, in der man bei einem Kräutertee im **Café Geyer** bestens entspannt.
• Nr. 1, 10–23 Uhr, €

Touren im Anschluss: 2, 9, 10, 12, 13

0 200 m
N
FELDSTRASSE
Musikclub Uebel & Gefährlich
Ziviljustiz-gebäude
Laeiszhalle
Emporio-hochhaus
Kaiser-Wilhelm-Denkmal
Kellertheater
Rindermarkthalle (Shoppingcenter)
Millentorstadion
Heiligen-geistfeld
GROSSE WALL-ANLAGEN
Handwerks-kammer
Holstenwall
Hamburg-museum
Brahms-Museum
Großneu-markt
Deutscher Ring Hochhaus
Friedens-kirche
Paulinen-platz
Budapester Straße
WALTER-MÖLLER-PARK
Holstenstraße
ST. PAULI
Hotel East
St. Josephs Kirche
Hundertmark Westernstore
Pulver-fass-Cabaret
REEPERBAHN
Königstr.
Reeperbahn
Schmidts Tivoli
St.-Pauli-Theater
Imperial Theater
Millerntor-platz
Millerntordamm
Tanzende Türme
Operettenhaus
Panoptikum
St. Pauli Museum
ALTER ELBPARK
Bismarck Denkmal
Helgoländer Allee
Zeughaus-markt
Englische Kirche
St. Michaelis
Ludwig-Erhard-Str.
Hotel Empire Riverside
Hein-Köllisch-Platz
Harrys Hafen-basar
Hotel Hafen Hamburg
Tropeninstitut
STINTFANG
LANDUNGSBRÜCKEN
Seemannskirchen
Schaar-markt
Gustaf-Adolfs-kirche
St. Pauli Kirche
Antoni-park
St. Pauli Hafenstraße
St. Pauli Fischmarkt
Fisch-markt
Alte Fischauktionshalle
U 434
Norderelbe
Alter Elbtunnel
Rickmer Rickmers
Lindley-Denkmal
Sloman-haus
Pepermölenbek
S1, S2, S3
U2
U3

Tour 12

St. Pauli bei Nacht

Tanzende Türme › Schmidts Tivoli › Große Freiheit › Hans-Albers-Platz › Empire Riverside Hotel

Start: Ⓤ St. Pauli (U 3)
Ziel: Ⓢ/Ⓤ Landungsbrücken (S 1, 3; U 3)
Wann: Hotspot: Samstagnacht ab 22 Uhr; sonntags ist es am ruhigsten
Distanz: 2,5 km

Die Reeperbahn als Hans-Albers-Idyll kann man vergessen: Schon lange ist sie keine Piste für einsame Seeleute mehr, sondern Hamburgs quirligster, buntester Hotspot mit ungeheurer Spaßvielfalt für jeden Geschmack. Dazu gehören winzige Sexgassen wie die Herbertstraße und spektakuläre Hochhäuser von Stararchitekten.

Schmidt Theater

Die **Tanzenden Türme** 1 von Hadi Teherani markieren seit 2012 schwungvoll den Anfang der **Reeperbahn;** das Restaurant Clouds mit Rooftop-Bar **Heaven's Nest** im 23. und 24. Stock glänzt mit einer fantastischen Aussicht über die Stadt; der **Mojo Club** (s. Nightlife, S. 147) im Souterrain bietet Dancefloor-Jazz vom Feinsten.

Die weltbekannte Achse durch das Rotlichtviertel von **St. Pauli** ist schrill, aber keine Glitzerstraße. Peepshows, solide Hotels, Erotikshops, Souvenirläden, Imbissbuden und Spielkasinos reihen sich brav aneinander. Am **Spielbudenplatz** stehen gleich vier Theater der leichten Muse. Musical-Hochburg ist das **Operettenhaus** (Nr. 1), seit 2012 läuft hier die Boxer-Story »Rocky«. **Schmidt Theater** und **Schmidts Tivoli** 2 (Nr. 24–28; s. Nightlife, S. 147) sind Garanten für Lachsalven und anzüglichen Humor. Renner des Gastronomietheaters Tivoli ist das Musical »Heiße Ecke« – echtes St. Pauli-Gefühl auf der Bühne! Schmidts betreibt auch stilvolle Bars: **Angie's Nightclub** (Livemusik; Do–Sa ab 22 Uhr) und **Glanz & Gloria** (tgl. ab 18 Uhr). Das denkmalgeschützte **St. Pauli-Theater** (Nr. 29–30) von 1841 blieb immer am Puls der Zeit mit Bühnenhits, Kabarett, Komik und anspruchsvollen Gastspielen. Nebenan: die **Davidwache.** Die gespreizten Frauenbeine am Eingang der Hinterhofkneipe **Zur Ritze** 3 (Reeperbahn 140, Mo–Sa ab 14, So ab 18 Uhr) malte Kiezkünstler Erwin Ross. Immer noch kann man im Keller boxen wie einst der Wirt oder schwere Jungs vom Kiez.

Auf dem **Beatles-Platz** 4 begegnet man den Pilzköpfen als modernen Skulpturen. Im Star Club auf der **Großen Freiheit** 5 begann ihre Karriere Anfang der 1960er-Jahre. Den Club gibt es nicht mehr, und in der ehemals verruchten Straße mit Hamburgs buntester Neonreklame und den einst vielen Stripteaselokalen zeigt nur noch das **Dollhouse** (Nr. 11, Shows ab 21 Uhr) einen Blick auf nackte Haut. Partygäste strömen heute in Livemusik-Clubs wie **Große Freiheit 36** (www.grosse-freiheit36.de). Überraschend in der Straße ist die barocke katholische **St. Josephskirche** von 1723. Hamburg war zu jener Zeit nicht sehr liberal, aber das dänische Altona ge-

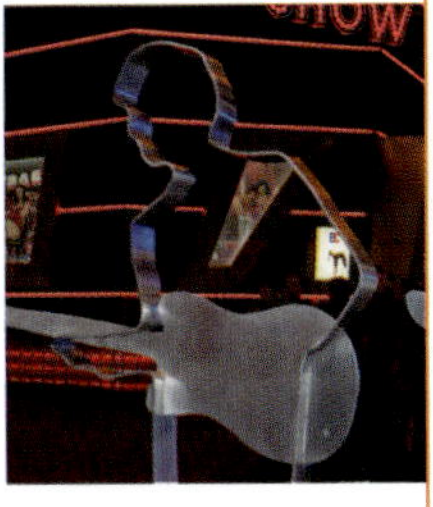

Beatlesplatz

MAL PAUSE MACHEN

Unter glitzernden Neonreklamen isst man bei **Lucullus** die beste Currywurst der Stadt und schaut auf das bunte Treiben an der Davidwache.
- Reeperbahn 75
  11–6 Uhr

Große Freiheit

währte hier Religions- und Gewerbefreiheit, daher der Straßenname »Große Freiheit«!

Das **Pulverfass Travestie-Cabaret** 6 zeigt eine monatlich wechselnde schillernde Show (Reeperbahn 147, tgl. ab 19.30 Uhr). Auf dem **Hans-Albers-Platz** 7 erinnert die Statue des Filmstars und Sängers in der Mitte an den unvergessenen Schauspieler, den Filme wie »Große Freiheit Nr. 7« berühmt machten; die Hans-Albers-Statue schuf Jörg Immendorff (1945–2007). Rings um den Platz herrscht Partystimmung, im Sommer im Freien. Gern wird im **Albers Eck** (Nr. 20, Do–Sa ab 21 Uhr) geflirtet. Ein Muss für Livemusik-Fans ist das irisch-amerikanische Dreigestirn aus **Molly Malone** (Nr. 14, Di–Sa ab 20 Uhr), **Drafthouse** (Nr. 15, Fr, Sa ab 21 Uhr) und **Academy** (Nr. 16, Mo–Sa ab 20 Uhr).

Kunstprofessor Immendorff gründete 1984 die Bar **La Paloma** (Friedrichstraße 11, Di–So ab 19 Uhr). Er liebte das Flair der Gassen zwischen Hans-Albers-Platz und Davidstraße, den **Sperrbezirk,** wo jede Nacht von 20 bis 6 Uhr dienstbereite Frauen an den Straßen auf Kundschaft warten. Die 60 m kurze **Herbertstraße** 8 ist komplett für die Sexarbeit reserviert und mit Sichtblenden abgeschirmt. Gleich um die Ecke serviert das **Cuneo** (Davidstraße 11, €€) seit 1905 klassische italienische Küche in familiärer Atmosphäre. Gegenüber macht der Ausblick auf den nächtlich beleuchteten Hafen von der **20up Bar** im **Empire Riverside Hotel** 9 (Bernhard-Nocht-Straße 97), dem 20-stöckigen Hochhaus von David Chipperfield, zum Ausklang einen Abend in St. Pauli unvergesslich.

Touren im Anschluss: 2, 9, 10, 11, 13

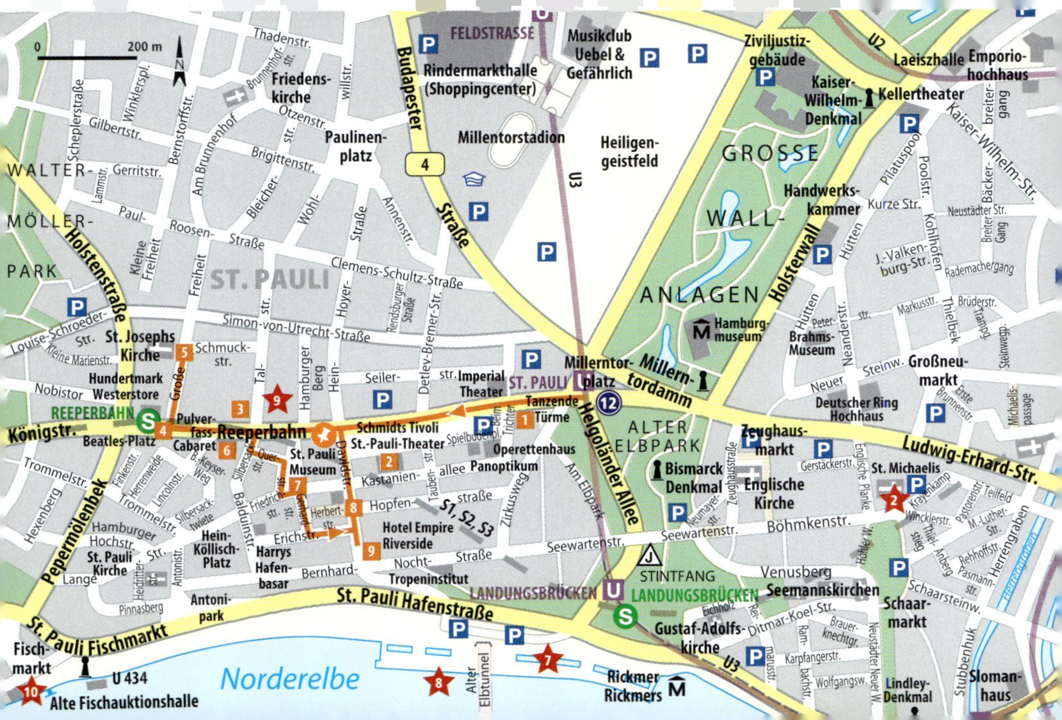

0 200 m
N
FELDSTRASSE
Rindermarkthalle (Shoppingcenter)
Musikclub Uebel & Gefährlich
Millentorstadion
Heiligengeistfeld
U3
Budapester Straße
4
Zivilj ustizgebäude
Kaiser-Wilhelm-Denkmal
Kellertheater
Laeiszhalle
Emporio-hochhaus
U2
GROSSE WALL-ANLAGEN
Handwerks-kammer
Holsterwall
Hamburg-museum
Millerntordamm
Millerntorplatz
ST. PAULI
Imperial Theater
Tanzende Türme
Helgoländer Allee
ALTER ELBPARK
Bismarck Denkmal
Englische Kirche
Zeughausmarkt
Ludwig-Erhard-Str.
St. Michaelis
Deutscher Ring Hochhaus
Großneumarkt
Peter-Brahms-Museum
Seewartenstr.
STINTFANG
LANDUNGSBRÜCKEN
Seemannskirchen
Venusberg
Gustaf-Adolfs-kirche
Schaarmarkt
Lindley-Denkmal
Slomanhaus
Rickmer Rickmers
Alter Elbtunnel
Norderelbe
St. Pauli Hafenstraße
St. Pauli Fischmarkt
Fischmarkt
U 434
Alte Fischauktionshalle
Reeperbahn
REEPERBAHN
Königstr.
Beatles-Platz
Pulverfass-Cabaret
Schmidts Tivoli
St.-Pauli-Theater
Operettenhaus
Panoptikum
St. Pauli Museum
Davidstr.
Hotel Empire Riverside
S1, S2, S3
Hein-Köllisch-Platz
Harrys Hafenbasar
Tropeninstitut
Antonipark
St. Pauli Kirche
Pepermölenbek
Holstenstraße
WALTER-MÖLLER-PARK
St. Josephs Kirche
Hundertmark Westerstore
Friedenskirche
Paulinenplatz
ST. PAULI
Simon-von-Utrecht-Straße
Clemens-Schultz-Straße

Tour 13

Vom Fischmarkt zum Dockland

U 434 › Fischmarkt › Alte Fischauktionshalle › Stilwerk › Schellfischposten › Fischgroßmarkt › Cruise Center Altona › Dockland

Start:	**Hafentreppe (Bus 112)**
Ziel:	**Dockland (Fähre 62)**
Wann:	**Fischmarkt Sonntagvormittag. Die Große Elbstraße ist werktags belebter.**
Distanz:	**2 km**

Der Fischmarkt am Sonntagmorgen ist ein echtes Stück Hamburg: Gut gelaunte St.-Pauli-Pistengänger treffen auf Frühaufsteher und Schnäppchenjäger; aus der Fischauktionshalle dröhnt Livemusik zum Tanz. Die Große Elbstraße mit neuer Architektur und edel sanierten Altbauten ist eine erstklassige Restaurantmeile in Sachen Fisch und Meeresfrüchte.

Fischmarkt

Ruhig ist es unter der Woche am Elbufer beim Fischmarkt, wo die **U 434** 1 (Mo–Sa 9–20, So 11–20 Uhr, www.u-434.de) als Museumsschiff liegt. Das sowjetische nichtatomare U-Boot von 1976 ist eines der größten seiner Art. Dass hier die ideale Körpergröße eines Matrosen bei nur 1,65 m liegt, glaubt man bei der Führung durch die verwinkelte Röhre sofort.

Am Sonntagmorgen ist es aus mit der Ruhe, dann ist **Fischmarkt** 10 (April–Okt. 5–9.30, sonst 7–9.30 Uhr). Tausende Besucher genießen das urhamburgische Flair und die bunte Mischung aus Wochenmarkt mit Hafenambiente, Marktschreiern, Souvenirständen und am Marktrand die eine oder andere Kneipe, in der das dicht gedrängte Kneipenvolk sich von Seemannsliedern berieseln lässt. Ein paar Stände verkaufen tatsächlich noch Fisch frisch oder geräuchert zum Schnäppchenpreis. Am Anleger kann man sogar direkt vom Kutter Fisch erwerben. In der **Alten Fischauktionshalle** 2 von 1895 spielt Livemusik zu Frühstück und wärmenden Getränken im Winter, während einige Unentwegte auf dem groben Straßenpflaster der Halle das Tanzbein schwingen. Bei Sturmfluten – hoffentlich nicht am Sonntag! – rauscht hier das Elbwasser herein, bei der nächsten Ebbe wird alles wieder trocken. Schutzmauern gibt es am Fischmarktufer nicht.

MAL PAUSE MACHEN

Der gehaltvolle Eiergrog bei **Eier Carl** wärmt schon seit 1903 Herz und müde Füße – nicht nur am Sonntagmorgen.
- Fischmarkt 3
  Mo–Sa 12–23,
  So 5–20 Uhr

Alte Fischauktionshalle

Elbabwärts reihen sich an der Großen Elbstraße luxussanierte Backsteinbauten: Die früheren Getreidespeicher und Lagerhäuser dienen heute als Büros oder Lofts in Vorzugslage am Wasser und mit ausreichendem Flutschutz. Im **Stadtlagerhaus** (Nr. 27) genießt man ausgezeichnete italienische Speisen und spannende Ausblicke auf den Hafen auf der Terrasse des **La Vela** (€€).

Als man 1996 die Mälzerei von 1907 in das moderne **Stilwerk** 3 (Nr. 68) umwandelte, blieb die markante Ablufthaube auf dem Dach. 30 Geschäfte bieten in der ehemaligen Fabrik modernes Wohndesign und Accessoires an, die das Wohnen verschönern. Ein paar Schritte weiter wird es nostalgisch: Neben einem Seemannsheim stößt man auf urige Hafenkneipen-Atmosphäre: z. B. in der **Haifischbar** (Nr. 128, tgl. ab 11 Uhr) und im **Schellfischposten** 4 um die Ecke (Carsten-Rehder-Str. 62, Mo–Sa ab 12, So ab 7 Uhr), ihn machte die Talkshow »Inas Nacht« bekannt.

Am Ufer ein schlanker Wohnturm und ein massives Bürohaus – aber dahinter dreht sich dann tatsächlich alles um Fisch und Meeresfrüchte. Seafood-Liebhaber zieht es in die Geschäfte und Lokale rund um den **Fischgroßmarkt** 5. **Hummer Pedersen** (s. Shopping, S. 141) verkauft Schalen- und Krustentiere, im kleinen Bistro kann man schon mal vorkosten. Spezialist für feines Sushi ist **Henssler & Henssler** (Nr. 160, €–€€). Vom renommierten Fischrestaurant **Rive** (Van-der-Smissen-Str. 1, €€) im früheren Fährterminal gibt es zu leckeren Fischgerichten spannende Ausblicke auf den Schiffsverkehr.

Das Kreuzfahrtterminal **Cruise Center Altona** 6 daneben wirkt wie eine moderne Skulptur. Wenn nicht gerade ein Luxusliner die Sicht auf die Elbe versperrt, ist das geräumige »Farewell-Deck« auf dem Gebäudedach ein schöner Ausguck. Eher bescheiden erscheint der Backsteinbau am Westende des Fischgroßmarkts: Was 1951 als einfache Fischgaststätte begann, wurde unter Familie Kowalke zu einer Hamburger Institution für vielfach ausgezeichnete Fischküche: das **Fischereihafen Restaurant** 7 (Nr. 143; s. Restaurants, S. 136). An eine schnittige Jacht auf der Elbe lässt das futuristische Bürogebäude **Dockland** 8 denken, sein Architekt ist Hadi Teherani. Eine Freitreppe führt zur öffentlichen **Dachterrasse**; fantastisch weit reicht die Sicht auf Hafen und Elbtal. Erst recht attraktiv ist der Ausblick, wenn nebenan ein Kreuzfahrtschiff festmacht.

Touren im Anschluss: 9, 11, 12, 28

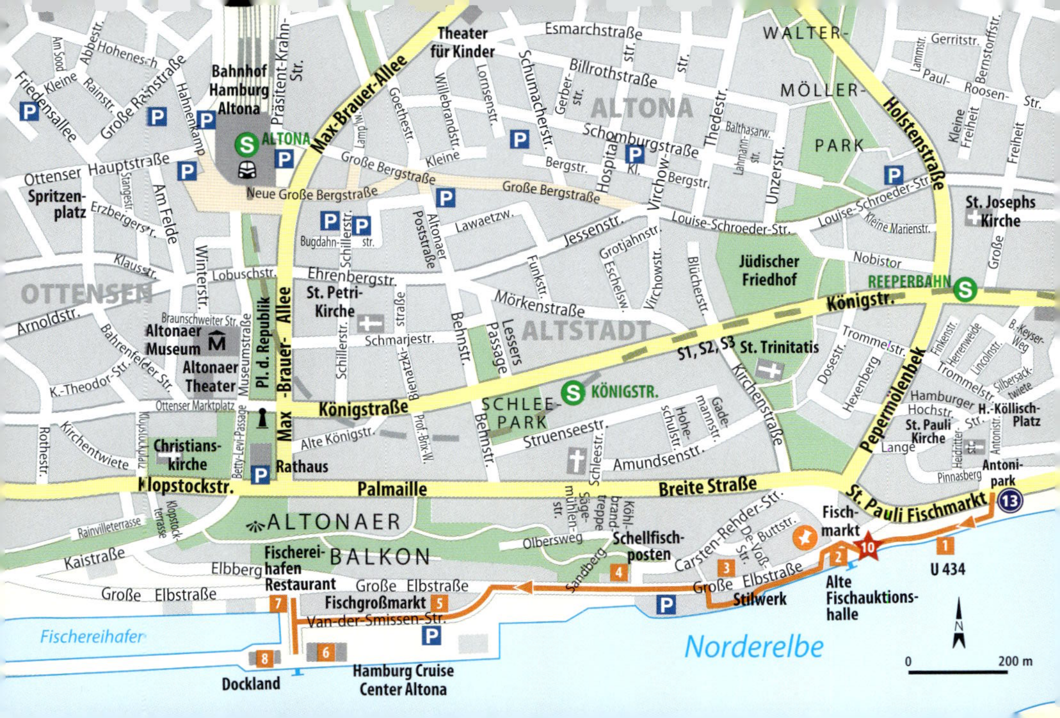
Theater für Kinder
Bahnhof Hamburg Altona
ALTONA
Max-Brauer-Allee
Esmarchstraße
Billrothstraße
Schumacherstr.
WALTER-MÖLLER-PARK
Holstenstraße
ALTONA
Schomburgstraße
Große Bergstraße
Neue Große Bergstraße
Ottenser Hauptstraße
Spritzenplatz
Friedensallee
Große Rainstraße
Hahnenkamp
Präsident-Krahn-Str.
Am Felde
Winterstr.
Lobuschstr.
OTTENSEN
Arnoldstr.
Altonaer Museum
Altonaer Theater
Pl. d. Republik
Königstraße
Christianskirche
Rathaus
Klopstockstr.
Palmaille
Breite Straße
St. Pauli Fischmarkt
ALTONAER BALKON
Fischereihafen Restaurant
Fischgroßmarkt
Van-der-Smissen-Str.
Große Elbstraße
Fischereihafen
Dockland
Hamburg Cruise Center Altona
Norderelbe
Stilwerk
Alte Fischauktionshalle
Fischmarkt
U 434
Schellfischposten
Carsten-Rehder-Str.
ALTSTADT
St. Petri-Kirche
SCHLEE-PARK
KÖNIGSTR.
S1, S2, S3
St. Trinitatis
Kirchenstraße
Jüdischer Friedhof
REEPERBAHN
Königstr.
Pepermölenbek
St. Josephs Kirche
St. Pauli Kirche
Antonipark
H.-Köllisch-Platz
Louise-Schroeder-Str.
Mörkenstraße
Lessers Passage
Behnstr.
Altonaer Poststraße
Struenseestr.
Amundsenstr.
Kaistraße
Olbersweg
Nobistor
Unzerstr.
Thedestr.
Virchowstr.
Jessenstr.
Große Freiheit
Kleine Freiheit
Paul-Roosen-Str.
Bernstorffstr.
Gerritstr.
Hexenberg
Trommelstr.
Dosestr.
Hamburger Hochstr.
Lange
Pinnasberg
0
200 m
N

Tour 14

Sonnenseite der Außenalster 11

Mundsburger Brücke › Literaturhaus › Gästehaus des Hamburgischen Senats › Imam-Ali-Moschee › Bellevue › Mühlenkamp-Kanal › Terrassenhäuser am Mühlenkamp

Start:	**Mundsburger Brücke (Bus 6, 37, 172, 173)**
Ziel:	**Gertigstraße oder Mühlenkamp (Bus 6, 25)**
Wann:	**ganzjährig bei jedem Wind und Wetter zu allen Tageszeiten, auch abends**
Distanz:	**4 km**

Vom Ostufer der Außenalster hat man den schönsten Weitblick auf die Stadt, hier genießt man die Mittags- und Abendsonne. Literaturhaus und Senats-Gästehaus sowie die Terrassenhäuser am Mühlenkamp rufen das 19. Jh. wach.

Von der **Mundsburger Brücke** 1 sind es nur ein paar Schritte am Kanal entlang zur Außenalster. Schöne alte Bäume säumen die – auch bei Joggern sehr beliebten – Uferwege, auf denen man an Wochenenden schon mal Platzangst bekommen kann. Kaum vorstellbar, dass hier vor knapp 150 Jahren versumpftes Wiesen- und Weideland war! Erst nach 1860 wurde das Ostufer mit Hilfe von Kanälen entwässert und erschlossen. Aus der sumpfigen »Insellandschaft«, in der einst die »Eulen nisteten«, entstand der Stadtteil **Uhlenhorst.** Gründerzeit- und Jugendstilhäuser prägen die Straßen, Neubauten füllen die Lücken, die der Zweite Weltkrieg riss.

Die herrschaftlichen Etagenhäuser am Schwanenwik sind eine begehrte Wohnadresse, in Nummer 38 gibt es Gelegenheit, ein denkmalgeschütztes Haus von innen zu bewundern: das **Literaturhaus** 2 mit seinem prachtvollen Saal, in dem auch das **Literaturhauscafé** untergebracht ist (s. Restaurants, S. 137; www.literaturhaus-hamburg.de). In diesem stilvollen Ambiente finden regelmäßig Dichterlesungen statt, Hamburger genießen die schöne Umgebung für ein Frühstück oder Essen, oder sie feiern ihre Feste dort. Vom verglasten Schmöker-Erker in der **Buchhandlung Samtleben** (Mo–Fr 11–19, Sa 11–16 Uhr) im Hochparterre schaut man auf die Alster.

Alsterperle

Gegenüber am Ufer der Außenalster hat sich ein ehemaliges Toilettenhäuschen zu einem Hamburger Szenetreffpunkt gemausert; in der **Alsterperle** 3 (www.alsterperle.com) trifft man sich ganzjährig – selbst bei Minusgraden – zwischen 8 Uhr und 21 Uhr plus zu einem Käffchen oder Aperol Spritz im Freien.

Nicht umsonst trägt die Straße parallel zum Alsteruferweg den Namen **Schöne Aussicht.** Dort, wo sich auf der anderen Straßenseite elegante Villen wie an einer Perlenschnur reihen, bietet sich ein fantastischer Ausblick auf die schillernde Wasserfläche, Segelboote, Kanus und Tretboote. Wer sich animiert fühlt: Eine **Bootsvermietung** findet man in der Sommersaison hinter dem **Café Hansa-Steg** 4.

An der Alster

Nur wenige der teuren Alstervillen stammen noch aus früheren Zeiten. Aber in Schöne Aussicht Nr. 8 blieb die Villa von 1868 nach Plänen des Rathausbaumeisters Martin Haller als **Gästehaus des Senats** 5 erhalten. Dank eines eigenen Anlegepontons am **Feenteich** 6 können die hohen Gäste der Hansestadt sogar per Boot anreisen. Am **Anleger Uhlenhorster Fährhaus** 7 halten zur Sommersaison die Barkassen der **Alsterkreuzfahrt**. Auf der gegenüberliegenden Straßenseite setzt der bunt gekachelte Bau der **Imam-Ali-Moschee** 8, seit 1961 Zentrum der Hamburger Schiiten, einen ungewohnten, aber farbenfrohen Akzent. Zu einer Rast lädt die Bankreihe im kleinen **Alsterpark** 9 ein. Den Glaspavillon »Double Triangular Pavilion« schuf 1989 der amerikanische Künstler Dan Graham; der Grundriss ist ein jüdischer Stern.

MAL PAUSE MACHEN

Im **Alsterpark** direkt am Ufer gibt es eine Bankreihe, von der aus man den Ausblick auf Wasser, Schwäne, Boote und Skyline genießt. Klönschnack mit dem Sitznachbarn kann, muss aber nicht sein.

Am **Langenzug** 10 fischte man bis ins 19. Jh. mit einem quer über den Flusslauf reichenden, an beiden Ufern gezogenen Netz. Nördlich von diesem Alster-Nebenfluss verspricht der Straßenname **Bellevue** 11 ebenfalls einen reizvollen Alsterblick. Dennoch verlässt man hier das Alsterufer, um den malerischen Kanälen zu folgen, die die Stadtviertel Uhlenhorst, Winterhude und Barmbek, durchziehen. Früher dienten sie der Entwässerung und als Verkehrswege für Lastkähne. Heute sind sie ein beliebtes Wassersportrevier. Am **Mühlenkamper Kanal** 12 kann man Kaffee oder Kuchen direkt vom Boot aus ordern. Wer zu Fuß unterwegs ist, kann sich in den vielen Cafés, Bistros und Restaurants am **Mühlenkamp** stärken oder ausgiebig shoppen. Das Revier mit seinen schönen Jugendstiletagenhäusern ist eine beliebte Wohngegend. Auch die hübschen **Terrassenhäuser** 13 (Mühlenkamp 8–14) stammen aus damaliger Zeit.

Touren im Anschluss: 5, 16

WINTERHUDE
UHLENHORST
Außenalster
Langer
Zug
Feen-
teich
Heilands-
kirche
Imam-Ali-
Moschee
Literatur-
haus
Sierich-
straße
Langenzug-
brücke
Herbert-Weichmann-Straße
Schwanenwik
Herderstraße
Winterhuder Weg
Mundsburger Damm
Weidestr.
Osterbekstr.
Bellevue
Andreasstraße
Wentzelstr.
Gellertstraße
Poelchaukamp
Scheffelstr.
Dorotheenstraße
Mühlenkamp
Mühlenkamp-
kanal
Preystraße
Gertigstraße
Körnerstraße
Hans-Henny-Jahnn-Weg
Stolbergstr.
Hauffstr.
Grillparzerstr.
Bachstraße
Schumannstr.
Humboldt-
straße
Mozart-
str.
Winterhuder Weg
Am Langenzug
Marienterrasse
Hofweg
Hebbelstr.
Schenkendorf-
str.
Richterstr.
Fährhaus-
straße
Zimmerstraße
Karlstraße
Am
Feenteich
Gustav-
Freytag-
Straße
Arndtstraße
Uhlenhorster
Kanal
Kanalstraße
Heinrich-Hertz-Straße
Waisenstieg
Schöne Aussicht
Averhoffstr.
Augustraße
Theresienstieg
Overbeckstr.
Petkumstr.
Uhlenhorster Weg
Erlenkamp
Papenhuder Straße
Hartwicusstr.
Armgartstr.
5
1
2
3
4
5
6
7
8
9
10
11
12
13
14
N
0
200 m

Tour 15

Univiertel und jüdisches Hamburg

Universitäts-Hauptgebäude › Mineralogisches Museum › Zoologisches Museum › Joseph-Carlebach-Platz › › Café Leonar › Neue und Alte Klaus

Start: Ⓢ Dammtor (S 11, 21, 31)
Ziel: Bezirksamt Eimsbüttel (Bus 4, 5, 15)
Wann: jederzeit, abends lebhafte Kneipenszene
Distanz: 3 km

Das Grindelviertel mit seinem Uni-Campus ist ein belebter Stadtteil mit einer Fülle an interessanten Geschäften und bezahlbaren Restaurants, Bistros und Cafés. Vielerorts wird an die jüdische Vergangenheit Hamburgs erinnert, und hie und da fasst heute die jüdische Kultur neue Wurzeln.

Universität Hamburg

Ein »Kolonialinstitut« war Ursprung der 1919 gegründeten **Universität Hamburg;** das **Universitäts-Hauptgebäude** 1 stiftete Reeder Edmund Siemers 1911. Auch die beiden 90 Jahre später gebauten Flügel links und rechts des säulenverzierten Hauptbaus sind Schenkungen – der Hamburger Familie Greve. Der Campus für die heute ca. 40 000 Studenten verteilt sich weit über den Stadtteil.

Auf dem Rasen neben dem Westflügel steht seit 1983 der massige Steinquader des Künstlers Ulrich Rückriem. Er mahnt, den **Platz der Deportierten** nie zu vergessen, auf dem sich auf Befehl der Nazis Hamburger Juden vor ihrem Transport in Vernichtungslager versammeln mussten. Vom Verbot der Nazis betroffen war auch die Freimaurerei, die in Hamburg eine lange Tradition (seit 1737) hatte und hat. Der neoklassizistische Bau ihrer **Provinzialloge Niedersachsen** (Moorweidenstraße 36) grenzt an den Platz und ist heute wieder aktives Zentrum der Freimaurer. An die Naziverfolgung erinnert auch die Namensgebung für die nahe **Staats- und Universitätsbibliothek** nach dem Publizisten **Carl von Ossietzky** (Von-Melle-Park 3), dem 1935 während seiner Haft der Friedensnobelpreis zuerkannt worden war.

Nördlich davon wuchs in den 1950er- und 1960er-Jahren ein moderner Campus heran, herausragende Bauten sind das **Auditorium Maximum** 2 (kurz: Audimax), daneben der 52 m hohe **Philosophenturm** (kurz: Philturm).

Das **Mineralogische Museum** 3 (Grindelallee 48, Mi 15–18, So 10–17 Uhr) ist eine echte Entdeckung. Rund 1500 Objekte umfasst die kunstvoll inszenierte öffentliche Schausammlung, z. B. durchscheinende Glimmerplatten und in allen Farben glitzernde Kristallstufen. Die meisten naturwissenschaftlichen Institute befinden sich auf dem westlich der **Grindelallee** erweiterten Campus. Dort ist auch das **Zoologische Museum** 4 (Martin-Luther-King-Platz 3, Di–So 10–17 Uhr) vertreten mit einer einzigartigen Sammlung von Walskeletten, europäischen Säugetieren und Huftieren aus aller Welt, vielen Vogelarten und Insekten.

MAL PAUSE MACHEN

In Seelenruhe Auge in Auge mit Wolf, Eisbär oder Walross: Im schummrig beleuchteten **Zoologischen Museum** gibt es keine Angst vor wilden Tieren – und man vergisst die Zeit.

Das jüdische Leben Hamburgs konzentrierte sich ab 1900 im Grindelviertel. Zahllose **Stolpersteine** in Form von Messing-Pflastersteinen vor den Wohnungen ehemaliger Naziopfer ma-

Pappnase

chen deutlich, wie viele Menschen in diesem Quartier Opfer des Nationalsozialismus wurden. Heute pulsiert hier studentisches Leben. Mehrere Buchhandlungen, zahlreiche preiswerte Lokale und Straßencafés, ausgefallene Läden wie **comics total!** und **Pappnase** (s. Shopping, S. 143) passen hier genauso ins Bild wie Hamburgs größtes Studiokino **Abaton** 5 (s. Nightlife, S. 146).

Sie vermögen jedoch nicht zu überdecken, dass in diesem Viertel völlig sinnlos blühendes jüdisches Leben ausgelöscht wurde. Eine dunkel- und hellgrau gepflasterte Fläche ist der **Joseph-Carlebach-Platz** 6. Er erinnert an den unerschrockenen

Studiokino Abaton

Rabbiner und Lehrer an der benachbarten ehemaligen **Talmud-Tora-Schule** (heute Joseph-Carlebach-Schule, Grindelhof 30) und die 1906 errichtete **Synagoge am Bornplatz**. Dunkle Pflastersteine deuten ihre Umrisse und die Linien ihres Gewölbes an. Nachdem der 40 m hohe Kuppelbau, der 1200 Menschen fassen konnte, 1938 bereits geschändet worden war, zwang man die jüdische Gemeinde, ihn selbst abzutragen.

Mit der Schule der jüdischen Gemeinde oder dem **Café Leonar** 7 (Grindelhof 57, €), ein äußerst gemütliches Kulturzentrum mit koscherer Küche, knüpft das Viertel an seine frühere Tradition an. Unzerstört blieb das Gebäude der jüdischen Bildungsstätte **Neue und Alte Klaus** 9 (Rutschbahn 11a), das derzeit privat vermietet ist.

Touren im Anschluss: 2, 16, 17

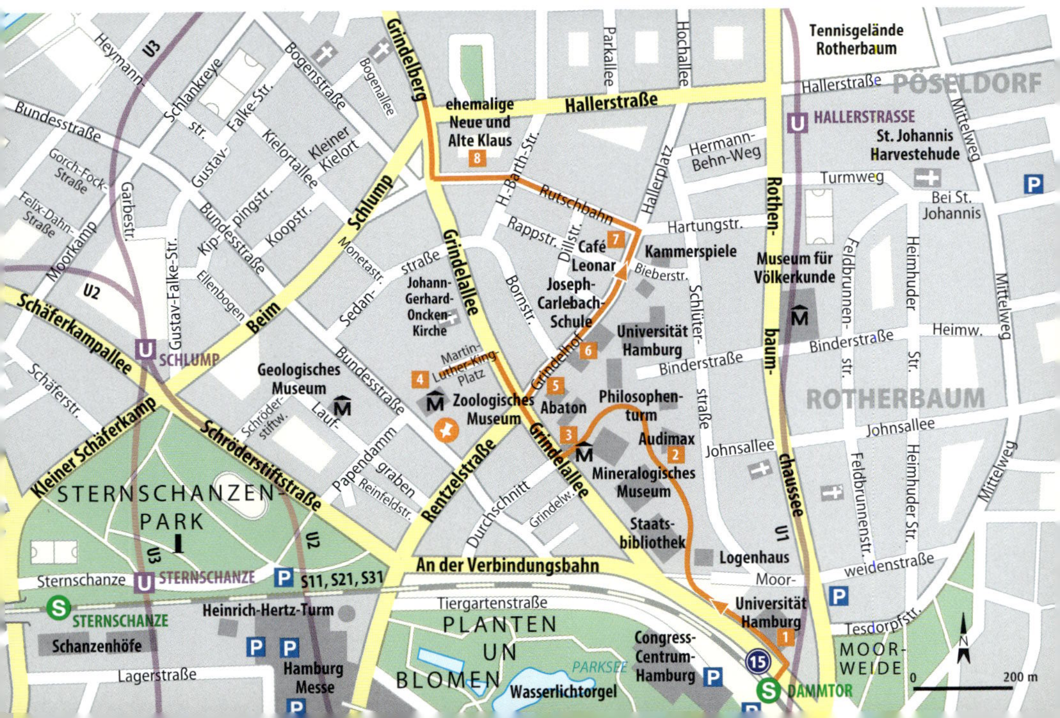

Tennisgelände Rotherbaum
PÖSELDORF
HALLERSTRASSE
St. Johannis Harvestehude
ROTHERBAUM
Hallerstraße
Grindelberg
ehemalige Neue und Alte Klaus
8
Rutschbahn
Café Leonar
7
Kammerspiele
Museum für Völkerkunde
Joseph-Carlebach-Schule
Universität Hamburg
6
5
Abaton
Philosophenturm
Audimax
2
3
Mineralogisches Museum
Staatsbibliothek
Logenhaus
Universität Hamburg
1
15
DAMMTOR
MOORWEIDE
Congress-Centrum-Hamburg
PARKSEE
Wasserlichtorgel
PLANTEN UN BLOMEN
Tiergartenstraße
Heinrich-Hertz-Turm
Hamburg Messe
Schanzenhöfe
Lagerstraße
STERNSCHANZE
Sternschanze
S11, S21, S31
STERNSCHANZENPARK
An der Verbindungsbahn
Rentzelstraße
Grindelallee
Zoologisches Museum
4
Martin-Luther-King-Platz
Johann-Gerhard-Oncken-Kirche
Geologisches Museum
SCHLUMP
Schlump
Beim
Schröderstiftstraße
Kleiner Schäferkamp
Schäferkampsallee
Schäferstr.
U2
U3
U1
Heymann-
Schlankreye
Gustav-Falke-Str.
Bogenstraße
Bogenallee
Kielortallee
Kleiner Kielort
Bundesstraße
Gorch-Fock-Straße
Felix-Dahn-Straße
Moorkamp
Garbestr.
Gustav-Falke-Str.
Kip-pingstr.
Koopstr.
Ellenbogen
Monetastr.
Sedanstraße
Bornstr.
Rappstr.
Dillstr.
H.-Barth-Str.
Hallerplatz
Hartungstr.
Bieberstr.
Grindelhof
Schlüterstraße
Binderstraße
Johnsallee
Feldbrunnenstr.
Heimhuder Str.
Heimw.
Mittelweg
Turmweg
Bei St. Johannis
Hermann-Behn-Weg
Parkallee
Hochallee
Rothenbaumchaussee
Moorweidenstraße
Tesdorpfstr.
Papendamm
Laufgraben
Reinfeldstr.
Schröderstiftw.
Durchschnitt
Grindelw.
0
200 m
N

Tour 16

Rund um Pöseldorf und Alsterpark

Museum für Völkerkunde › Ballin-Villa › Hamburger Institut für Sozialforschung › St. Johannis Harvestehude › Budge-Palais › Alstervorland › Hauptkirche St. Nikolai

Start: Ⓤ **Hallerstraße (U 1)**
Ziel: Ⓤ **Klosterstern (U 1)**
Wann: **tagsüber; Museum Mo geschlossen**
Distanz: **3,5 km**

Pöseldorf wird oft als Stadtviertel für Gutverdiener angesehen. Doch haben in dieser Gegend zahlreiche Einrichtungen ihre Portale für alle Bürger geöffnet: das Völkerkundemuseum, die Hochschule für Musik und Theater mit ihren Räumen im früheren Budge-Palais und nicht zuletzt die Grünanlagen am Alsterufer.

Völkerkundemuseum

Das **Museum für Völkerkunde** 1 (Rothenbaumchaussee 64, Di–So 10–18, Do bis 21 Uhr, www.voelkerkundemuseum.com) weckt mit seinen Sammlungen aus aller Welt Fernweh. Zu sehen sind u. a. Aby Warburgs Kollektion amerikanischer Figuren, Südseemasken und sogar ein Hexenarchiv. Das Museum bietet rund ums Jahr ein interessantes Vortrags-, Kurs- und Kinderprogramm sowie den alljährlichen »Markt der Völker« mit Kunsthandwerk aus allen Ländern. Das hübsche Teehaus **Yu Garden** (Feldbrunnenstraße 67) hinter dem Museum ist ein Geschenk der Partnerstadt Shanghai, dort befindet sich auch das reich verzierte Original im Yu Garden.

Wuchtig wirkt die **Ballin-Villa** (Feldbrunnenstr. 58), einst Wohnhaus des HAPAG-Reeders Albert Ballin. Wo früher Kaiser Wilhelm II. einkehrte, bereitet heute das **UNESCO-Institut für Lebenslanges Lernen** Alphabetisierungskampagnen vor. Vom selben Architektenbüro Lundt und Kallmorgen stammt **Haus Behn** 2 (Nr. 56), in dem die **ZEIT-Stiftung** residiert. In viele Villen im Viertel sind Büros eingezogen. Der **Mittelweg** zieht sich durch das grüne Stadtquartier westlich der Außenalster. In Nr. 36 entsteht die Zeitschrift des **Hamburger Instituts für Sozialforschung** 3, die private Forschungsstelle ist eine Stiftung des Hamburger Literaturprofessors Jan Philipp Reemtsma (Bibliothek Di, Do 9–17 Uhr, www.his-online.de). Brisante Themen werden hier aufgearbeitet wie z. B. die kritische und Aufsehen erregende Wanderausstellung zur deutschen Wehrmacht.

Weithin sichtbar ist der spitze Turm der Kirche **St. Johannis Harvestehude** 4 (Turmweg, Do 10–14, So 14.30–16.30 Uhr, www.st-johannis-hh.de). Das gern als Konzertkirche genutzte Gebäude hat seine Neogotik von 1882 bewahrt. Bürger stifteten die leuchtend bunten Glasfenster. In diese Gegend zogen nach dem Großfeuer von 1842 Hamburger, die ihre Wohnungen verloren hatten, indem sie ihre Sommerhäuser in dauerhafte Unterkünfte umwandelten. Wer hier einst »pöselte«, also herumwirtschaftete, weiß man nicht mehr – inoffiziell heißt das Viertel **Pöseldorf**. Schmal und grün sind die teuren Wohnstraßen. In der **Milchstraße** 5 findet man Edelboutiquen (Modedesignerin Jil Sander begann hier ihre Karriere), Galerien und Restaurants. Belebt wird die Szene seit 1956 durch die **Hochschule für Musik und Theater:** Die großbürgerliche Villa **Budge-Palais** 6 ist

Budge-Palais

Altervorland

stilvoller Rahmen für Konzerte von Jazz bis Operette (Programm: www.hfmt-hamburg.de). In den Konzertpausen genießt man von der Terrasse den Ausblick auf den Garten und das **Alstervorland** 7. Hamburg beschloss 1950, das gesamte Ufer der Außenalster öffentlich zugänglich zu machen. So wurden 1953 die Privatgrundstücke der Alsteraue in eine viel besuchte Parkanlage verwandelt. Ein beliebter Treffpunkt am Wasser ist das Restaurant **Alster-Cliff** 8 (Fährdamm 13, €–€€, www.alster-cliff.de). Für Drinks macht man im idyllischen **Red Dog Pub & Café** 9, einem ehemaligen Toilettenhäuschen, Station. Tolle Aussicht auf den gesamten Alster-See hat man vom Anleger bei **Bobby Reich** 10. Von der **Krugkoppelbrücke** 4, ein Schmuckstück von Fritz Schumacher, genießt man ebenfalls die weite Sicht über die Außenalster und nach Norden über den Alsterfluss.

MAL PAUSE MACHEN

Bei **Bobby Reich** auf dem Holzsteg, ganz im Norden der Außenalster, fehlt jede Form von Großstadthektik; genießen Sie Urlaubsstimmung pur.
- Tel. 040/48 78 24 tgl. ab 10 Uhr

Vom **Eichenpark** 11 mit seinen Denkmälern für den Dichter Friedrich von Hagedorn und den Physiker Heinrich Hertz gelangt man auf dem Harvestehuder Weg zur **Hauptkirche St. Nikolai** 12 (Nr. 118, tgl. 8–18 Uhr, www.hauptkirche-stnikolai.de). Nach dem Bombenhagel von 1943 gab die Kirche ihren Platz in der City auf und sammelte an dieser Stelle eine neue Gemeinde um sich. Ein Mosaik von Oskar Kokoschka schmückt den Altar.

Touren im Anschluss: 14, 15, 17

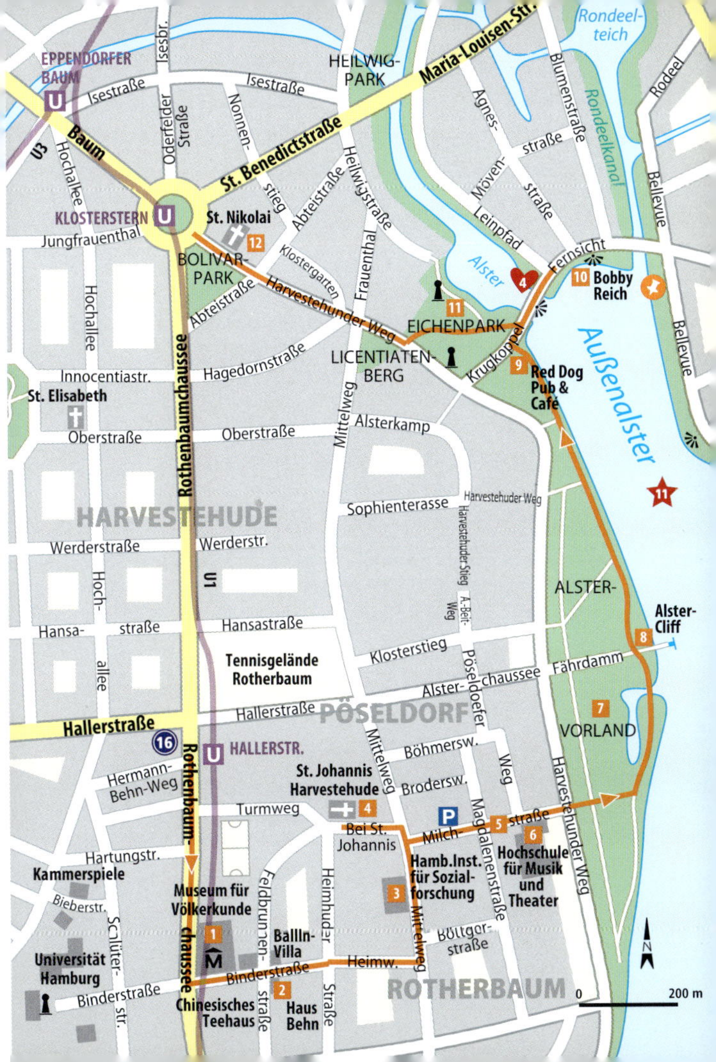

EPPENDORFER BAUM
Isestraße
Isesbr.
Oderfelder Straße
Nonnen-stieg
HEILWIG-PARK
Maria-Louisen-Str.
Rondeel-teich
St. Benedictstraße
Baum
U3
Hochallee
KLOSTERSTERN
St. Nikolai
12
Abteistraße
Heilwigstraße
Agnes-straße
Möven-straße
Blumenstraße
Rondeelkanal
Rodeel
Bellevue
Leinpfad
Fernsicht
Alster
Jungfrauenthal
BOLIVAR-PARK
Klostergarten
Frauenthal
4
10 Bobby Reich
Harvestehuder Weg
11
EICHENPARK
Krugkoppel
LICENTIATEN-BERG
9 Red Dog Pub & Café
Außenalster
Hagedornstraße
Innocentiastr.
St. Elisabeth
Oberstraße
Rothenbaumchaussee
Mittelweg
Alsterkamp
Sophienterasse
Harvestehuder Weg
Harvestehuder Stieg
A.-Beit-Weg
HARVESTEHUDE
Werderstraße
Werderstr.
U1
Hoch-allee
ALSTER-
Hansa-straße
Hansastraße
Alster-Cliff
8
Tennisgelände Rotherbaum
Klosterstieg
Pöseldoefer
Alster-chaussee
Fährdamm
Hallerstraße
PÖSELDORF
7
VORLAND
16
HALLERSTR.
Böhmersw.
Weg
Hermann-Behn-Weg
St. Johannis Harvestehude
Brodersw.
Turmweg
4
Bei St. Johannis
Milch-straße
5
6
Magdalenenstraße
Harvestehuder Weg
Hamb.Inst. für Sozial-forschung
Hochschule für Musik und Theater
Hartungstr.
Kammerspiele
Museum für Völkerkunde
3
Bieberstr.
Feldbrunnen-straße
Heimhuder Straße
Rothenbaum-chaussee
1
Ballln-Villa
Böttger-straße
Schlüter-str.
Universität Hamburg
Binderstraße
Heimw.
2
Chinesisches Teehaus
Haus Behn
ROTHERBAUM
0
200 m
N

Tour 17

Shoppen und genießen in Eppendorf

U-Bahnhof Klosterstern › Kaufrausch › Isemarkt › Schokovida › Kaffeerösterei Burg › Tassajara › Cornelia Poletto

Start: Ⓤ Klosterstern (U 1)
Ziel: Ⓤ Kellinghusenstraße (U 1, 3)
Wann: Isemarkt Dienstag- und Freitagvormittag, danach lässt sich's gut bummeln, auch über den Ladenschluss hinaus
Distanz: 3 km

Eppendorf und die angrenzenden Stadtteile sind durchgrünte Wohngebiete mit schönen Gründerzeitetagenhäusern. Wer hier wohnt, zeigt Stil und ist gewillt, Geld auszugeben. Ausgefallen, aber nicht immer teuer, sind die Eppendorfer Geschäfte und Restaurants. Den Isemarkt muss man einfach erlebt haben.

Austern von Fische Schmidt

Der **U-Bahnhof Klosterstern** 1 mit seinen Art-déco-Lampen zählt zu den schönsten Stationen der Stadt. Auf der Straße **Eppendorfer Baum** herrscht Trubel, solange die Geschäfte geöffnet sind: Bei **Lienau** (Nr. 13) findet man erlesenes Holzspielzeug. **Fische Schmidt** (Nr. 18) macht mit Kaviar, Hummer, Austern und feinen Salaten Appetit. In der **Parfümerie Meister** (Nr. 12) betören nicht nur kostbare Düfte, auch die exquisite Inneneinrichtung ist ein Ereignis. **Labels for Less** (Nr. 16) schont mit Lagerverkauf von Designkollektionen den Geldbeutel.

Entzückend ist **Kaufrausch** 2 (Isestraße 74), ein Mini-Kaufhaus mit Wohnzimmeratmosphäre, es bietet Schickes fürs Heim und zum Anziehen sowie einfallsreiches Leder- und Schmuckdesign. In **Harry's Bar** (Mo–Fr 10–19, Sa 10–18 Uhr) kann man sich vom Kaufrausch erholen. Der könnte an einem Dienstag- oder Freitagvormittag besonders anschwellen, wenn der **Isemarkt** 3 (8.30–14 Uhr) stattfindet. Die kulinarische Meile verführt auf 970 m direkt unter dem U-Bahn-Viadukt zwischen den Stationen Hoheluft und Eppendorfer Baum zu reichlich Sinnesgenüssen: erlesene Brot- und Käsesorten, Obst und Gemüse aus der Region, viele Biolebensmittel und Exotisches, außerdem Kleidung, Seifen, Haushalts- und Geschenkartikel. Dazu das gemütliche Flair: Man trifft Freunde, Bekannte, sieht ab und zu auch ein prominentes Gesicht und lässt sich auf einen netten Schnack mit den Marktfrauen und Händlern ein.

Isemarkt

Nördlich des **Isebekkanals** drängt sich Geschäft an Geschäft. Bei **Schokovida** 4 (s. Shopping, S. 144) ist man in der Welt edler Kakaoprodukte, hausgemachte Schokoladensorten tragen so originelle Namen wie »Elbstrand« oder »Fischkopp«.

Die **Hegestraße** ist ein Eldorado für Modefreaks. Völlig konträr zum schrägen Namen kleidet **FKK** 5 (Nr. 22) weibliche und männliche Kunden an in edle Stoffe mit hamburgischem Design-Understatement.

Am **Eppendorfer Weg** lernt man die **Kaffeerösterei Burg** 6 (Nr. 252) kennen, wo seit 1948 feine Kaffeebohnen auf den Punkt

MAL PAUSE MACHEN

Markttrubel und Einkaufshektik lässt man im **Café Hegeperle** sofort hinter sich: Das Familiencafé in der stillen Hegestraße beglückt mit hausgemachtem Kuchen.
• Nr. 68, Mi–So 11–18 Uhr

genau geröstet werden; der Shop beglückt auch Tee- und Schnickschnackfreunde. Die Geschäftsmeile des Stadtteils ist die **Eppendorfer Landstraße.** Gleich am Anfang trifft das indische Restaurant **Tassajara** 7 (Nr. 4 €–€€) mit seinen vegetarischen Gerichten schon seit über 35 Jahren den Geschmack der Eppendorfer.

Italienisches Lebensgefühl ist gefragt in Eppendorf. **Wohndesign cosí** (Nr. 48) sorgt mit Designmöbeln fürs passende Ambiente zu Hause. **Das Buch** (Nr. 56) ist ein fabelhafter Ort für Leseratten: gutes Antiquariat und Sortiment, belesene Beratung. Das größte Geschäft mit hochpreisigen Modelabels ist die **Boutique Anita Hass** (Nr. 60). Angesagte Markenklamotten für Kinder gibt es bei **Loop** (Nr. 39). Schuhfans sehen immer mal wieder bei **Milliways** (Nr. 64) vorbei.

Cornelia Poletto

Spätestens in der Nr. 80, im **Cornelia Poletto** 8 (s. Restaurants, S. 135), legen Genießer eine Pause ein und lassen sich von der Sterneköchin mit ausgezeichneten italienischen Gerichten oder Menüs verwöhnen. In ihrem 2011 eröffneten Esslokal und Gastronomia verbindet die kreative Köchin ein Feinkostgeschäft mit Restaurant. Hier kann man hervorragende Öle, Essig, Käse, Wurst und Weine sowie hausgemachte Poletto-Delikatessen einkaufen oder auch nur ihre kreative Küche genießen. Wer einmal »Pollo alla Poletto« geschmeckt hat, ein halbes Rotisseriehühnchen mit Tomaten-Brot-Salat, wird so bald kein anderes Hähnchen mehr essen wollen.

Touren im Anschluss: 16, 18

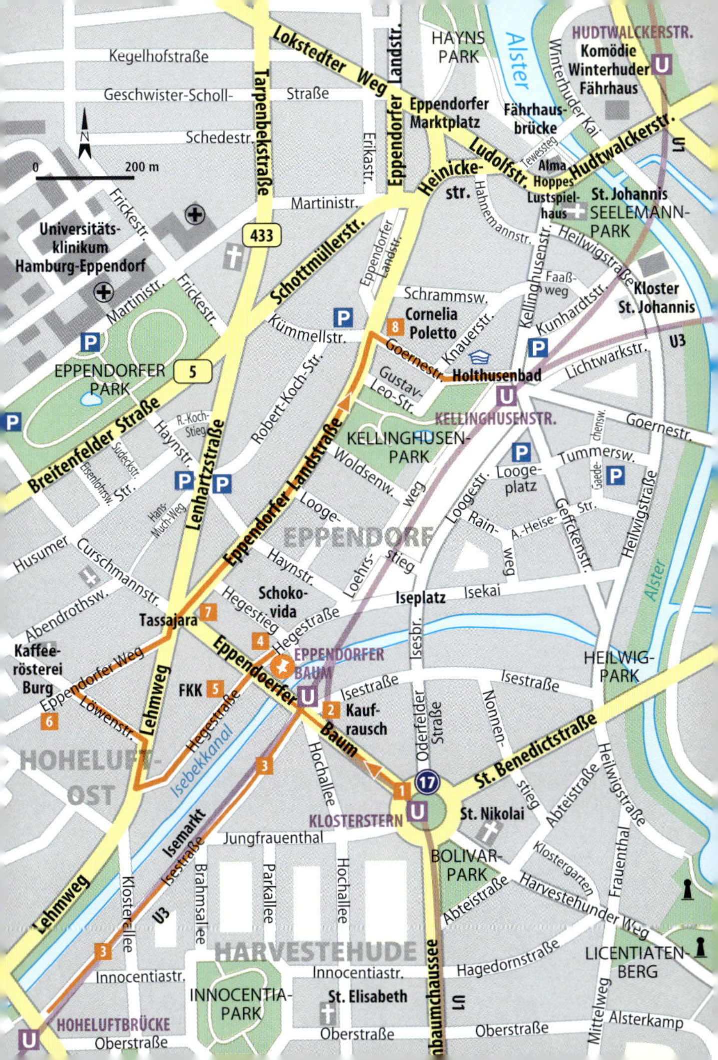

Lokstedter Weg
Landstr.
HAYNS PARK
Alster
HUDTWALCKERSTR.
Komödie Winterhuder Fährhaus
Kegelhofstraße
Geschwister-Scholl-
Straße
Tarpenbekstraße
Eppendorfer Landstr.
Eppendorfer Marktplatz
Fährhaus-brücke
Winterhuder Kai
Schedestr.
Erikastr.
Ludolfstr.
Hudtwalckerstr.
U1
N
0
200 m
Tewessteg
Alma Hoppes Lustspiel-haus
Heinicke-str.
Hahnemannstr.
St. Johannis
SEELEMANN-PARK
Frickestr.
Martinistr.
433
Schottmüllerstr.
Heilwigstraße
Universitäts-klinikum Hamburg-Eppendorf
Eppendorfer Landstr.
Kellinghusenstr.
Faaß-weg
Kunhardtstr.
Kloster St. Johannis
Martinistr.
Frickestr.
Schrammsw.
Kümmellstr.
8
Cornelia Poletto
Knauerstr.
U3
Lichtwarkstr.
EPPENDORFER PARK
5
Goernestr.
Holthusenbad
Robert-Koch-Str.
Gustav-Leo-Str.
KELLINGHUSENSTR.
Goernestr.
Breitenfelder Straße
R.-Koch-Stieg
Haynstr.
Sudeckstr.
Eisenlohrsw.
Str.
Lenhartzstraße
Eppendorfer Landstraße
KELLINGHUSEN-PARK
Woldsenw.
Tummersw.
Looge-platz
Loogestr.
Gaede-
Str.
Heilwigstraße
Looge-
weg
Rain-weg
A.-Heise-
Geffckenstr.
Hans-Much-Weg
EPPENDORF
Husumer
Curschmannstr.
Haynstr.
Loehrs-
stieg
Alster
Schoko-vida
Iseplatz
Isekai
Abendrothsw.
Hegestieg
Hegestraße
Tassajara
7
Kaffee-rösterei Burg
Eppendorfer Weg
4
Isesbr.
EPPENDORFER BAUM
HEILWIG-PARK
Eppendoerfer
Isestraße
Isestraße
FKK
5
Lehmweg
Löwenstr.
Hegestraße
6
Nonnen-
2
Kauf-rausch
Oderfelder Straße
HOHELUFT-OST
Isebekkanal
Baum
St. Benedictstraße
3
Hochallee
1
17
stieg
Abteistraße
KLOSTERSTERN
St. Nikolai
Isemarkt
Jungfrauenthal
Isestraße
BOLIVAR-PARK
Klostergarten
Frauenthal
Brahmsallee
Parkallee
Hochallee
Abteistraße
Harvestehuder Weg
Lehmweg
Klosterallee
U3
HARVESTEHUDE
Hagedornstraße
LICENTIATEN-BERG
3
Innocentiastr.
Innocentiastr.
INNOCENTIA-PARK
St. Elisabeth
U1
Mittelweg
Alsterkamp
HOHELUFTBRÜCKE
Oberstraße
Oberstraße
Oberstraße
nbaumchaussee

Tour 18

Von Wohltätern in Eppendorf und Winterhude

St. Johannis Eppendorf › Kulturhaus Eppendorf › Vaterstädtische Stiftung › Garten de l'Aigle › Eppendorfer Mühlenteich › Hayns Park › Magazin-Kino › Planetarium

Start: Ⓤ **Hudtwalckerstraße (U 1)**
Ziel: **Planetarium (Bus 20, 26)**
Wann: **von Frühling bis Herbst, an Tagen mit klarer Sicht**
Distanz: **6,5 km**

Eppendorf und Winterhude gelten als Stadtteile für gehobene Ansprüche. Doch seit Ende des 19. Jhs. ließen hier auch Stifter oder Genossenschaften ganze Straßenzüge mit Wohnblocks bebauen, in denen bedürftige Städter preiswerte oder kostenlose Unterkunft fanden – bis heute eine sehenswertes Wohnidyll.

Kloster St. Johannis

Winterhude liegt im Osten, Eppendorf im Westen des Alsterlaufs. Am Westufer bezeugt die mittelalterliche Kirche **St. Johannis** 1 das hohe Alter des »Dorfs«. Das Fachwerk-Langhaus und den Ziegelturm bekam sie in der Barockzeit. In einer schönen Gartenanlage am rechten Alsterufer liegt das **Kloster St. Johannis** 2, dessen Ursprung im 13. Jh. liegt, in dem Gebäudekomplex von 1914 befindet sich ein Evangelisches Damenstift.

Das Dorf wandelte sich Ende des 19. Jh. zum noblen Hamburger Vorort. Typisch für diese Epoche ist das Gründerzeiteckhaus, in dem die **Konditorei Lindtner** 3 (s. Restaurants, S. 137) schon in der dritten Generation Alt und Jung mit Back- und Naschwerk verwöhnt.

Konditorei Lindtner

Ab 1879 legte die Stadt das Krankenhaus in Eppendorf an (heute Universitätskliniken). Nebenan stellte sie privaten wohltätigen Stiftungen Baugrund zur Verfügung, denn die Industrialisierung führte zu Wohnungsnot. Aus Tradition fühlten sich reiche Hamburger Bürger seinerzeit zur Hilfe verpflichtet.

Das imposante **Daniel-Schutte-Stift** 4 von 1907 an der Ecke Martini- und Tarpenbekstraße, eine vierstöckige Dreiflügelanlage mit makelloser Putzfassade und roten Fensterlaibungen, erinnert aber nicht gerade an Armut. Die Stiftswohnungen sollten älteren oder verarmten Mitbürgern der Ober- oder Mittelschicht ein Leben in Würde ermöglichen. Sozial schwierigere Fälle fanden hinter dem Schutte-Stift Unterkunft, z. B. in der »Zufluchtstätte für obdachlose und sittlich gefährdete Frauen und Mädchen« von 1897. Heute ist hier das **Kulturhaus Eppendorf** 5 beheimatet (www.kulturhaus-eppendorf.de).

Viele Wohnungen in den **Stiftsgebäuden** entlang der **Fricke- und Schedestraße** unterstehen der **Vaterstädtischen Stiftung** 6, sie wurde 1839 von Juden gegründet, als diese Hamburgisches Bürgerrecht erhalten hatten. Über dem Haupteingang der Wohnanlagen prangen die Namen der Stifter.

Die **Tarpenbekstraße** säumen Mietshäuser im Gründerzeit- und Jugendstil. In **Nr. 66** wohnte der Kommunist **Ernst Thälmann** 7, **Nr. 82** ist das Geburtshaus des Dichters **Wolfgang Borchert** 8. Hier, am einstigen Grenzverlauf zwischen Preußen und Hamburg, liegen viele weitere Stiftungen. In das große Areal der auf Behinderten- und Altenpflege spezialisierten **Stiftung Anscharhöhe** ist der Rest vom 100-jährigen **Garten de l'Aigle** 9 integriert. Bekannt machten ihn die Bücher der Hamburger Lehrerin und Gartenfreundin Alma de l'Aigle (1889–1959). Das **Jenisch-Stift** 10 ist ein repräsentativer, fast schlossartiger Bau mit einem hübschen Fachwerk-Torwächterhaus.

Manche Stiftungsbauten mischen sich unter normale Mietshäuser, wie das Haus der **Tile Nigel & Johann Bockholt Stiftung** 11 in der Nähe vom **Eppendorfer Mühlenteich** 12, wo Hamburgs Schwäne überwintern.

Auf dem **Alsterwanderweg** spaziert man durch den idyllischen **Hayns Park** 13. Jenseits der **Alster** gibt es im Norden des Stadtteils **Winterhude** jüngere Stiftungs- und Genossenschaftsbauten im Backsteinstil der Weimarer Zeit zu entdecken. Mit der **Siedlung des Vereins Kleinrentner-Speisung** war die soziale Idee verbunden, gemeinsam eine Kantine zu nutzen. Doch die Leute kochten lieber selbst – der große Speisesaal wandelte sich zum **Magazin-Kino** 14. Kleinwohnungen stehen älteren Mitgliedern von Hamburgs Einzelhandelsverband zur Verfügung, das **Parkheim der Detaillistenkammer** 15 ist eine ausgedehnte Anlage dem Stadtpark gegenüber. Die Anwohner haben es nicht weit zum **Planetarium** 16 5 im Art-déco-Wasserturm von 1924. Nicht versäumen darf man die Aussicht vom Turm und die spektakulären Shows (s. Nightlife, S. 148).

MAL PAUSE MACHEN

Schön schattig ist es unter den Uferbäumen im **Hayns Park.** Während Kanuten, Ruderer und Tretbootfahrer vorüberziehen, schwimmen Enten, Schwäne oder Möwen auf einen Besuch herbei.

Touren im Anschluss: 17, 19

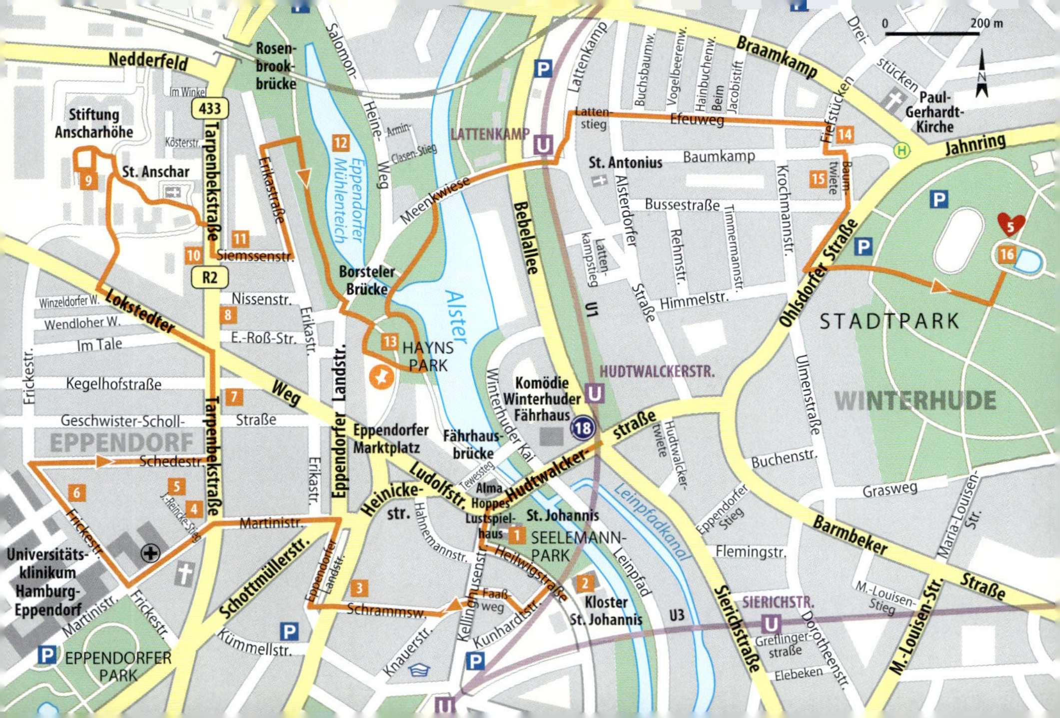

0 200 m
N
Nedderfeld
Rosenbrookbrücke
Stiftung Anscharhöhe
St. Anschar
Tarpenbekstraße
433
R2
Siemssenstr.
Erikastraße
Eppendorfer Mühlenteich
Salomon-Heine-Weg
Armin-Clasen-Stieg
Meenkwiese
Alster
Borsteler Brücke
HAYNS PARK
LATTENKAMP
Lattenkamp
Bebelallee
Lattenstieg
Efeuweg
Buchsbaumw.
Vogelbeerenw.
Hainbuchenw.
Beim Jacobistift
Braamkamp
Fiefstücken
Dreistücken
Paul-Gerhardt-Kirche
Jahnring
Baumkamp
Baumtwiete
St. Antonius
Bussestraße
Alsterdorfer Straße
Lattenkampstieg
Rehmstr.
Timmermannstr.
Himmelstr.
Krochmannstr.
U1
Ohlsdorfer Straße
STADTPARK
WINTERHUDE
HUDTWALCKERSTR.
Komödie Winterhuder Fährhaus
Winterhuder Kai
Fährhausbrücke
Hudtwalckerstraße
Hudtwalckertwiete
Ulmenstraße
Buchenstr.
Grasweg
Maria-Louisen-Str.
Barmbeker Straße
M.-Louisen-Str.
M.-Louisen-Stieg
Eppendorfer Stieg
Flemingstr.
Leinpfadkanal
Leinpfad
Sierichstraße
SIERICHSTR.
U3
Greflingerstraße
Dorotheenstr.
Elebeken
Winzeldorfer W.
Wendloher W.
Im Tale
Lokstedter Weg
Nissenstr.
E.-Roß-Str.
Erikastr.
Eppendorfer Landstr.
Kegelhofstraße
Geschwister-Scholl-Straße
EPPENDORF
Eppendorfer Marktplatz
Heinicke-str.
Ludolfstr.
Tewessteg
Alma Hoppes Lustspielhaus
St. Johannis
SEELEMANN-PARK
Hahnemannstr.
Heilwigstraße
Kloster St. Johannis
Faaßweg
Kellinghusenstr.
Kunhardtstr.
Schrammsw.
Knauerstr.
Schedestr.
Frickestr.
J.-Reincke-Stieg
Martinistr.
Schottmüllerstr.
Universitäts-klinikum Hamburg-Eppendorf
Kümmellstr.
EPPENDORFER PARK
Im Winkel
Kösterstr.

Tour 19

Der größte Parkfriedhof der Welt

Parkverwaltung › Museum › Naturpfad › Althamburgischer Gedächtnisfriedhof › Mahnmal der Verfolgten des Naziregimes › Neues Krematorium › Altes Krematorium

Start: Ⓢ/Ⓤ Ohlsdorf (S 1, 11/U 1)
Ziel: Ⓢ/Ⓤ Ohlsdorf (S 1, 11/U 1)
Wann: bei gutem Wetter tagsüber zu allen Jahreszeiten
Distanz: 3,5 km

Der 1877 eröffnete Friedhof Ohlsdorf ist nicht nur für die Toten, sondern als Landschaftspark auch für die Lebenden konzipiert. Durch die 4 km² großen Parkanlagen mit ihrer reichen Natur, Flora und Fauna, ihrem Museum, Grabstätten und Monumenten kann man stundenlang streifen und vieles über Hamburgs (Kultur-) Geschichte erfahren. Der nahe Alsterwanderweg führt zum alten Krematorium.

Am Eingang hinter der neobarocken **Friedhofsverwaltung** 1 zeigt das **Museum** 2 (Mo, Do, So 10–14 Uhr, www.fof-ohlsdorf.de) im Außengelände, wie sehr ein Friedhof Spiegelbild des Lebens ist. Viele Grabsteine tragen Figuren oder Blumensymbole und – wen wundert's in einer Hafenstadt! – Segelschiffe- oder Ankerabbildungen.

Auf der anderen Straßenseite liegt zwischen Rhododendronbüschen die **Gedenkstätte der Revolutionsopfer 1918–20.** Von hier führt ein kurzer Weg zum Südteich und zur schnurgeraden

Cordesallee. Wo ein Schild zum »Rosengarten« weist, quert eine zierliche Brücke die Teichanlage. Hier beginnt der **Naturpfad** 3, gut sichtbare Pfeile auf Feldsteinen weisen den Weg. Tafeln am Wegesrand erläutern die Landschaft, Tiere und Pflanzen. Vorbei geht es am »Insektenhotel« und »Holzquiz« zum **Rosengarten.** Im Zentrum steht das Denkmal zu Ehren des ersten Friedhofsdirektors Wilhelm Cordes, er war maßgeblich am Entwurf und der Planung des Ohlsdorfer Friedhofs und vieler seiner Anlagen beteiligt. Auch die **Kapelle 4** 4 geht auf seinen Entwurf zurück.

MAL PAUSE MACHEN

Die Bänke im inneren Rund des **Rosengartens** ziehen einen magisch an, und man freut sich über Blumen und Bäume. Recht hatte Direktor Cordes – dieser Friedhof ist auch für die Lebenden.

An der Cordesallee überquert man die breite Straße, steigt ein paar Treppenstufen hinauf und folgt dem Waldpfad nach links. Kurz vor dem großen Rasenrund sind es nur wenige Schritte zwischen Hecken zum **Grabstein von Gustaf Gründgens** 5, neben ihm ruht die Theaterprinzipalin **Ida Ehre.**

Auf dem anschließenden Abschnitt **Althamburgischer Gedächtnisfriedhof** 6 ehrt die Stadt Persönlichkeiten aus Kunst, Wissenschaft, Politik und Wirtschaftsleben. Schlichte Namenslisten und einzelne Gedenksteine am Hauptweg entlang erinnern an Größen wie den Maler **Philipp Otto Runge,** Oberbaudirektor **Fritz Schumacher** oder Kunsthallendirektor **Alfred Lichtwark.**

Von der **Christusstatue** aus weißem Marmor oberhalb des Gedächtnisfriedhofs führt ein Weg entlang der Böschung nach Süden und Osten vorbei an pompösen Grabmälern des Historismus und Jugendstils. Wo sich der stille Waldpfad wieder nordwärts wendet, steht rechts ein einfacher Granitfindling am Grab des Direktors der Reederei HAPAG, **Albert Ballin** 7.

Westlich von **Kapelle 1** führt von der asphaltierten Kapellenstraße ein Weg zur **Nebenallee.** Wo er einmündet, verbirgt sich fast der Pfad rechts gegenüber zwischen Rhododendren, nur wenige Schritte und man steht am **Grabfeld** 8 der alteingesessenen Hamburger Familien **Laeisz, Hanssen, Canel und Meerwein.**

(Neues) Krematorium

Die Nebenallee endet 80 m westwärts am hohen **Mahnmal der Naziverfolgten** 9. Das Denkmal aus 105 Urnen mit Asche und Erde aus deutschen Konzentrationslagern steht gegenüber Fritz Schumachers letztem öffentlichen Bau, dem **(Neuen) Krematorium** von 1931, ein strenger, dunkler Backsteintempel, im Inneren aber licht durch Buntglasfenster.

Als allzu modern empfanden viele im 19. Jh. die Feuerbestattung, daher baute man das erste Krematorium 1891 außerhalb des Friedhofs. Man erreicht es über den nahen **Alsterwanderweg.** Wer eine Pause einlegen will, strebt erst einmal zum Café und Bootsverleih am **Ratsmühlendamm** 10. Danach wandert man von der **Fuhlsbüttler Schleuse** 11 mit ihrer modernen **Fischtreppe** und **Bootsschleppe** alsterabwärts vorbei am **Frei- und Hallenbad Ohlsdorf** 12. Sobald der Uferpfad parallel zur **Rathenaustraße** verläuft, erscheint oben in grüner Umgebung zwischen Wohnhäusern ein halbrunder Schulbau: das **Alsterpalais** 13. Am besten sieht man es von der Rückseite an der Alsterdorfer Straße Nr. 523. Die Schule besteht im Kern aus dem denkmalgeschützten **alten Krematorium** mit minarettartigem Schornstein und orientalischem Kuppelbau.

Tour im Anschluss: 18

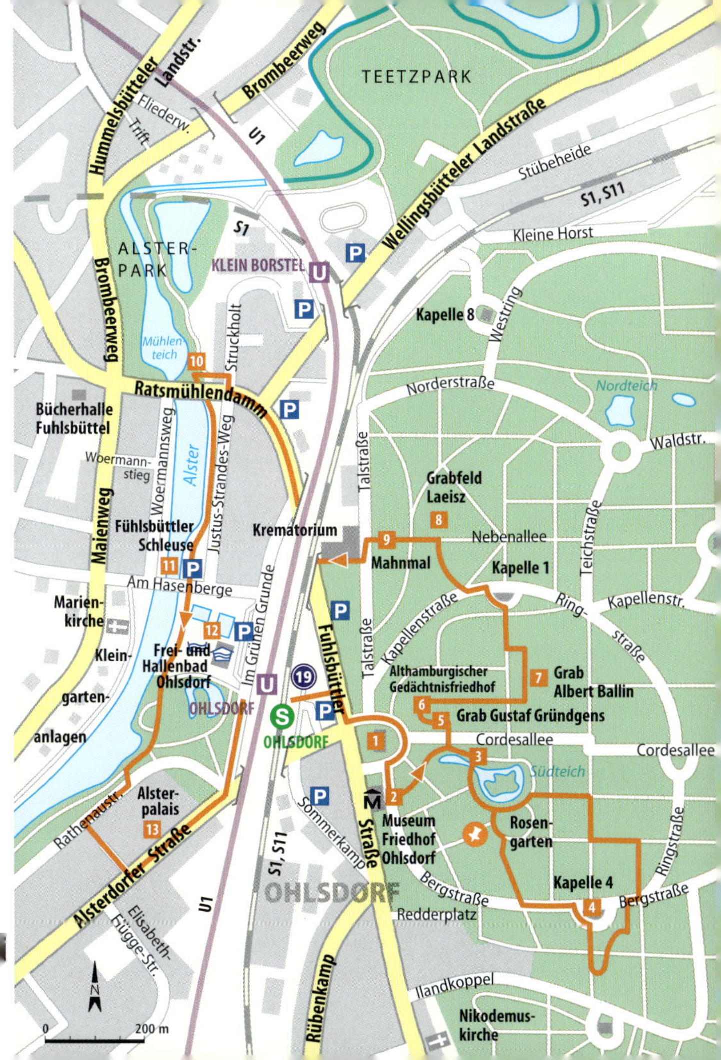

TEETZPARK
Brombeerweg
Hummelsbütteler Landstr.
Fliederw.
Trift
U1
Wellingsbütteler Landstraße
Stübeheide
S1, S11
Kleine Horst
S1
ALSTER-PARK
KLEIN BORSTEL
Kapelle 8
Westring
Mühlenteich
Struckholt
10
Ratsmühlendamm
Norderstraße
Nordteich
Waldstr.
Bücherhalle Fuhlsbüttel
Woermann-stieg
Woermannsweg
Alster
Justus-Strandes-Weg
Talstraße
Grabfeld Laeisz
8
Maienweg
Fühlsbüttler Schleuse
Krematorium
9
Mahnmal
Nebenallee
Kapelle 1
Teichstraße
11
Am Hasenberge
Ring-straße
Kapellenstr.
Kapellenstraße
Marien-kirche
12
Im Grünen Grunde
Fuhlsbüttler Straße
Klein-garten-anlagen
Frei- und Hallenbad Ohlsdorf
19
Althamburgischer Gedächtnisfriedhof
7
Grab Albert Ballin
OHLSDORF
6
5
Grab Gustaf Gründgens
OHLSDORF
1
Cordesallee
Cordesallee
3
Südteich
2
Alster-palais
13
Rathenaustr.
Museum Friedhof Ohlsdorf
Rosen-garten
Sommerkamp
Ringstraße
S1, S11
Alsterdorfer Straße
OHLSDORF
Bergstraße
Kapelle 4
4
Bergstraße
Redderplatz
U1
Elisabeth-Flügge-Str.
Rübenkamp
Ilandkoppel
Nikodemus-kirche
N
0
200 m

Tour 20

Naturerlebnis im Wohldorfer Wald

U-Bahn-Station Ohlstedt › Senatorenweg › Ammersbek › › Kupfermühle › Wohldorfer Hof › Herrenhaus › alte Ohlstedter Post › Waldhaus Ohlstedt

Start: Ⓤ **Ohlstedt (U 1)**
Ziel: Ⓤ **Ohlstedt (U 1)**
Wann: **an einem Tag mit Wanderwetter**
Distanz: **6,5 km**

Sieben Jahrhunderte ist der grüne Stadtteil Wohldorf in Hamburger Besitz und führte lange ein Dasein als hansestädtische Exklave. Man wandert durch Hamburgs größten Laubwald und erfährt im Ammersbektal von früher Landwirtschaft und industrieller Ausbeutung bis hin zur heutigen ökologischen Nutzung.

Bahnhof Ohlstedt

Die **U-Bahn-Station Ohlstedt** 1 ist ein Jugendstilbau von 1918. Die »Walddörfer« wie Wohldorf-Ohlstedt, Farmsen und Volksdorf gehörten teilweise schon im Mittelalter zu Hamburg, waren aber bis 1937 Exklaven in preußischem Gebiet. Ab 1919 verband sie dann die Walddörferbahn via Barmbek mit der Hamburger Innenstadt. Eine ältere elektrische Bahn, die schon 1907 über Rahlstedt nach Wohldorf gefahren war, wurde eingestellt, sie hielt sich noch bis 1961 auf ihren letzten zwei Gleiskilometern durch den **Wohldorfer Wald** zwischen Ohlstedt und Wohldorf.

Der **historisch-ökologische Erlebnispfad Wohldorf-Ohlstedt** beginnt am U-Bahnhof. Die Erklärungstafeln fordern zu verblüffenden Aktionen auf. Gleich am Waldrand kann man auf dem **Wackelpfad** 2 nachvollziehen, wie einem Eichhörnchen beim Sprung von Zweig zu Zweig zumute ist. Beim nächsten großen Wegkreuz trifft man auf eine **Weitsprunggrube** 3. Hier vergleicht man seine Sprungleistung mit denen von Waldmaus, Fuchs oder Wildschwein. Kleine »Forschungsstationen« wie Fühlfinder und Klanghölzer machen den **Senatorenweg** zu einem spielerischen Wissensparcours.

Wackelpfad

Der 364 ha große Wohldorfer Wald ist seit 1437 städtischer Forst, davon stehen 278 ha heute unter Naturschutz. Schon 1770 wurde er zum Erholungsgebiet für die Bürger bestimmt. Der abwechslungsreiche Spaziergang auf schattigem, leicht hügeligem Weg durch Eichen- und Buchengehölz, vorbei an Flüsschen mit Erlen und Weiden, war sehr beliebt. An der höchsten Stelle des Waldes lag ein **Eiskeller** 4, seit 1923 steht nahebei ein Denkmal für die 26 im Ersten Weltkrieg Gefallenen aus Wohldorf-Ohlstedt.

Am Nordende des Senatorenwegs überquert eine gewölbte **Holzbrücke** die **Ammersbek** 5. Sie fließt in engen Schleifen rasch dahin. Flussaufwärts wurde sie ab 1622 für eine **Kupfermühle** 6 zum **Kupferteich** aufgestaut. Zunächst nutzte man die Wasserenergie zur Herstellung von Messingdraht, dann 140 Jahre lang zum Hämmern von Kupferplatten, die letzten sechs Jahrzehnte bis zur Schließung 1899 war hier eine Baumwollweberei. Die historischen Fachwerkbauten von **Mühlenhaus** und **Kupferhof** sowie der **Lange Jammer,** die Arbei-

MAL PAUSE MACHEN

Im Wald wenig östlich der **Brücke über die Ammersbek,** an der Uferkante des plätschernden Bachs, sucht man sich ein Plätzchen und lauscht den Vögeln.

terunterkünfte, werden heute privat bewohnt. Auffällig sind an der Kreuzung Herrenhausallee/Brügkamp zehn **Landarbeiterhäuser** 7 von 1937. Damals wollte man den anschließenden **Duvenstedter Brook** agrarisch neu erschließen – heute renaturiert man ihn wieder.

Das uralte Hamburger Staatsgut, der **Wohldorfer Hof** 8, bewirtschaftet jetzt als moderner **Biohof** 150 ha Land. Die Produkte von den 70 Kühen kann man im **Hofladen** (7–20 Uhr, Selbstbedienung) kaufen. Nebenan im **Vorwerk** befindet sich ein **Reitstall**. Geschützt auf einer Insel liegt das nun privat genutzte **Herrenhaus** 9, jahrhundertelang war es Verwaltungssitz der Walddörfer und Senatorenferienheim. Vorläufer dieses barocken Fachwerkbaus von 1712 besaßen sogar eine Zugbrücke. Die frühere Burg zerstörten die Hamburger 1374.

Nochmals wird die Ammersbek gestaut zum **Mühlenteich** an einem Wehr mit moderner **Fischtreppe.** Das stilvolle Gasthaus

Gasthaus »Die Mühle«

Die Mühle 10 (s. Restaurants, S. 136) hat einen guten Ruf weit über Wohldorfs Grenzen hinaus. Die autofreie Pflasterstraße **Mühlenredder** führt südwärts durch schattigen Mischwald. Auf den **Kleinbahnhaltepunkt Tannenallee** 11 weist eine Informationstafel hin – heute muss man zu Fuß weitergehen. Kurz darauf passiert man die **alte Ohlstedter Post** 12, die 1981 ihre Pforten schloss und heute ein Wohnhaus ist. Hoch her ging es im klassizistischen **Waldhaus Ohlstedt** 13, als es noch eine bekannte Ausflugsgaststätte war, jetzt kann man hier bei Yogakursen Ruhe finden.

Tour im Anschluss: 19

0
200 m
N
WOHLDORF
Duvenstedter Triftweg
Schäferkoppel
Herrenhausallee
7 Landarbeiterhäuser
Brügkamp
8 Wohldorfer Hof
Schünenkoppel
Kupferhof
Kupferteich
10 Die Mühle
Herrenhausallee
Holländerberg
9 Herrenhaus Wohldorf
Ammersbek
6 Kupfermühle
Neuer Kupferhof
P
Mühlenteich
5 Ammersbek-Brücke
Kupferredder
NSG
Wohldorfer
Senatorenweg
Mühlenredder
4 Eiskeller, Gedenkstein
Wald
Kupferredder
11
P
3 Weitsprunggrube
Melhopweg
Alte Ohlstedter Post
12
Freiluftschule Wohldorf
13 Waldhaus
Wackelpfad
2
Kupferredder
Schule am Walde
OHLSTEDT
Timms Hege
Matthias-Claudius-Kirche
Timms Hege
Bredenbekstraße
Jagersredder
U1
Dorfgrund
Melhopweg
Hasselwisch
Im Busch
Alte Dorfstraße
P
20
Brunkskrogw.
Westerfelde
OHLSTEDT
U
1
Rinas Teich

Tour 21

Bergedorf – vom Schloss zum Universum

Kirche St. Peter und Paul Bergedorf › Schloss Bergedorf › Rathaus › SkulpturenLandschaft › Hamburger Sternwarte › Schorrhöhe

Start: Ⓢ Bergedorf (S 2, 21)
Ziel: Sternwarte, Besucherzentrum (Bus 332)
Wann: bei klarem Wetter; Führungen Sa, So, Schlossmuseum Mo geschlossen
Distanz: 3,5 km

Bergedorf ist ein besonders eigenständiger Teil von Hamburg. Hier steht das einzige Schloss der Hansestadt. Äußerst prächtig ist das Bergedorfer Rathaus. Und der Astronomiepark der Hamburger Sternwarte auf dem Gojenberg könnte es sogar auf die UNESCO-Liste des Weltkulturerbes schaffen.

St. Petri und Pauli

Wo schon im 12. Jh. in **Bergedorf** ein Kirchlein stand, baute man im 16. Jh. die **Kirche St. Petri und Pauli** 1 (tagsüber offen, Führung April–Okt. Di 15 Uhr). Im 17. Jh fügte man dem Fachwerkhaus einen Turm und Anbauten zu und später eine barocke Ausstattung. Das **Organistenhaus** von 1630 ist das Geburtshaus des Komponisten und Organistensohns Johann Adolf Hasse (1699 bis 1783). Im Backsteinturm des **Hasse-Hauses** von 1836 befindet sich Bergedorfs **Touristeninformation** (www.bergedorf.de, Di bis Sa 10–14 Uhr).

Prunkstück im nahen Park ist das **Bergedorfer Schloss** **2**. Hamburg und Lübeck eroberten 1420 die Residenz des sachsen-lauenburgischen Herzogs und verwalteten darin Bergedorf und die Vierlande gemeinsam. Seit 1868 gehört das Gebiet Hamburg allein. Das von einem romatischen Graben umgebene Schloss ist seit 1955 **Museum für Bergedorf und die Vierlande** (Di–So 10–17 Uhr, www.bergedorfer-museumslandschaft.de) und zeigt Bergedorf als ein spannendes Stück Hamburgs mit großer Eigenständigkeit.

Einige schöne **Fachwerkhäuser** in der **Fußgängerzone** (Alte Holstenstraße und Sachsentor) geben dieser Shoppingmeile ein gemütliches Flair. Ende des 19. und im Laufe des 20. Jh. wurde Bergedorf Industrievorort. Fabriken und Arbeiterquartiere konzentrierten sich südwestlich des Zentrums. Die Hänge der Geest im Osten füllten sich mit Villen reicher Hamburger. Ein solches Anwesen im **Villenviertel** war einst das heutige **Bergedorfer Rathaus** **3** (Bezirksamt seit 1938). Die im großbürgerlichen Stil Ende des 19. Jh. errichtete Villa des Kaufmanns Hermann Friedrich Messtorff erwarb die Stadt Bergedorf 1925. Beim Umbau zum Rathaus bewahrte man einige Räume wie den kostbaren **Spiegelsaal** und das getäfelte **Herrenzimmer** – heute Sitz des Bezirksamtsleiters. Anbauten erfolgten im Art-déco-Stil, darunter der Ratssaal, der wohl schönste der Hamburger Bezirksämter. Fantastisch ist der Blick vom mehrstöckigen **Rathausturm** (Führung Tel. 040/4 28 91 24 80). Vom **Rathauspark** ostwärts ist der Grünzug am Flüsschen **Schulenbrooksbek** ein Spaziergang durch die Natur, seit 2004 bereichert ihn die **Skulpturen-Landschaft** **4** mit vielen modernen Werken.

Sachsentor

Das astronomische Observatorium zog 1912 vom Millerntor nach Bergedorf auf den **Gojenberg** um, wo auf freiem Feld ein »Astronomiestädtchen« mit Institut, Beamtenwohnungen, Werkstätten und Kuppelbauten für die Teleskope entstand. Hier arbeitet die **Hamburger Sternwarte** 5 noch heute, allerdings reichen für moderne Astrophysiker die alten Teleskope nicht mehr aus. Aber die Geräte bezeugen den Umbruch damaliger astronomischer Forschung zur Astrophysik im 20. Jh. Hamburg bemüht sich um die Aufnahme des **Astronomieparks** in die Liste des UNESCO-Kulturerbes.

Eine Führung (Eingang: August-Bebel-Straße 196, Sa, So 10 bis 18 Uhr, Sa 14, 16, So 12, 14, 16 Uhr, www.sternwarte-hh.de) durch den Park ist ein Erlebnis. Sie beginnt am **Besucherzentrum** 6 beim **1-m-Spiegelteleskop** und dem **Café Raum & Zeit.** Man lernt u.a. das **Äquatorial** 7 kennen, ein Teleskop, das Hamburger Astronomen schon im 19. Jh. benutzten und das bis heute funktioniert. Die Hamburg-Zeit wurde einst am **Meridiankreis** exakt gemessen. Der **Große Refraktor** 8 ist einer der größten Deutschlands. Auf dem Weg durch das Gelände gibt ein **Planetenweg** Vorstellung von den Größenverhältnissen in unserem Sonnensystem. Wer sich weniger für Himmelskunde interessiert, staunt im **Hauptgebäude** 9 über die prächtige **Bibliothek.** Südlich des Geländes hat man vom Fußweg **Schorrhöhe** 10 (über Institutseingang Gojenbergsweg, offen Mo–Fr, meist auch Sa, So) tolle Aussicht auf die **Vierlande.**

MAL PAUSE MACHEN

Von der **Bank auf der Schorrhöhe** am steilen Hang des Elbe-Urstromtals schaut man weit übers Land Richtung Lüneburg – das genoss schon vor 100 Jahren Sternwartendirektor Richard Schorr.

Tour im Anschluss: 22

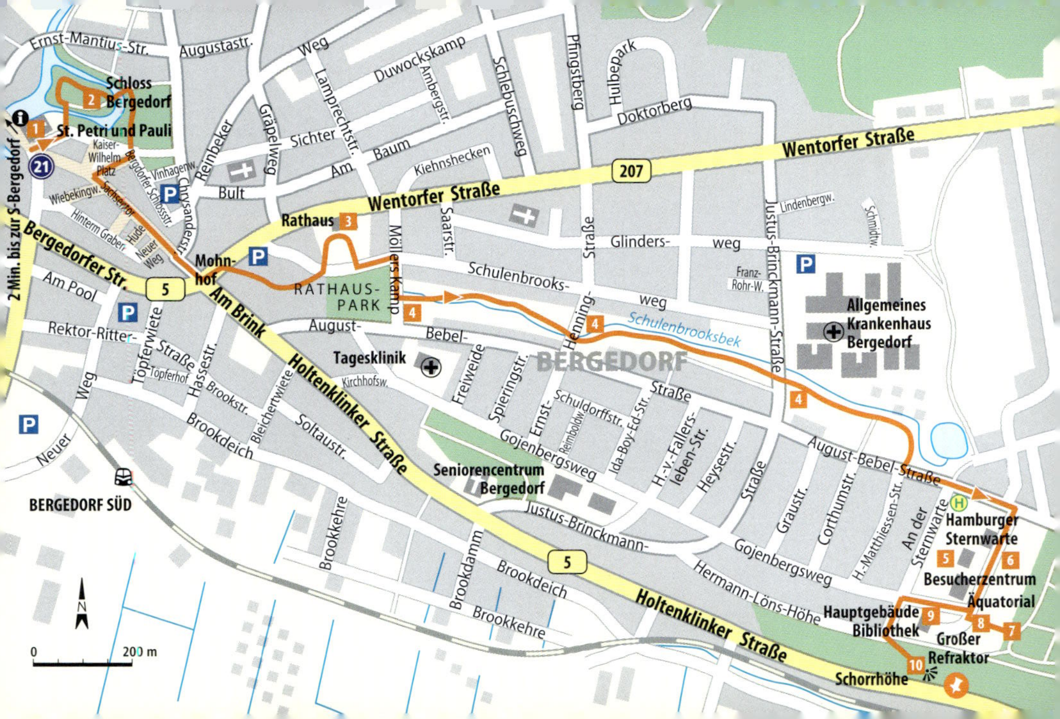

Schloss Bergedorf
St. Petri und Pauli
Rathaus
Mohnhof
RATHAUS-PARK
BERGEDORF
Allgemeines Krankenhaus Bergedorf
Tagesklinik
Seniorencentrum Bergedorf
Hamburger Sternwarte
Besucherzentrum
Äquatorial
Hauptgebäude Bibliothek
Großer Refraktor
Schorrhöhe
BERGEDORF SÜD
2 Min. bis zur S-Bergedorf
Wentorfer Straße
207
Bergedorfer Str.
5
Am Brink
Holtenklinker Straße
August-Bebel-Straße
Justus-Brinckmann-Straße
Schulenbrooksweg
Schulenbrooksbek
Henning-Straße
Glindersweg
Möllers Kamp
Saarstr.
Kiehnshecken
Am Baum
Sichter
Lamprechtstr.
Ambergstr.
Duwockskamp
Weg
Gräpelweg
Reinbeker
Bult
Chrysanderstr.
Vinhagenw.
Bergedorfer Schlossstr.
Kaiser-Wilhelm-Platz
Sachsentor
Wiebekingw.
Hinterm Graben
Hude
Neuer Weg
Augustastr.
Ernst-Mantius-Str.
Schlebuschweg
Pfingstberg
Hulbepark
Doktorberg
Lindenbergw.
Schmidtw.
Franz-Rohr-W.
Am Pool
Rektor-Ritter-Straße
Töpferwiete
Töpferhof
Hassestr.
Brookstr.
Bleichertwiete
Soltaustr.
Brookdeich
Brookkehre
Brookdamm
Kirchhofsw.
Freiweide
Spieringstr.
Ernst-Schuldorffstr.
Reimboldw.
Ida-Boy-Ed-Str.
H.-v.-Fallersleben-Str.
Heysestr.
Straße
Graustr.
Corthumstr.
H.-Matthiessen-Str.
An der Sternwarte
Gojenbergsweg
Justus-Brinckmann-
Hermann-Löns-Höhe
Neuer
1
2
3
4
5
6
7
8
9
10
21
0
200 m
N

Tour 22

Rothenburgsort – Hamburg und sein Wasser

Denkmal Hamburger Feuersturm in Rothenburgsort › Wasserforum › Trauns Park › Sperrwerk Billwerder Bucht › Wasserkunst Elbinsel Kaltehofe

Start: Ⓢ Rothenburgsort (S 2, 21)
Ziel: Ⓢ Rothenburgsort (S 2, 21)
Wann: zu allen Jahreszeiten, auch wegen der wechselnden Vogelwelt auf Kaltehofe
Distanz: 6 km

Wie spannend die Wasserversorgung einer Großstadt wie Hamburg sein kann, zeigt das Museum Wasserforum. Auf der Elbinsel Kaltehofe öffnete 2011 die Wasserkunst Kaltehofe auf dem Gelände des ehemaligen Wasserwerks ihre Pforten. Je nach Neigung genießt man in diesem Naturparadies einen Rundgang durch einen weniger bekannten Teil der Kulturgeschichte Hamburgs oder die einzigartige Vogel- und Pflanzenwelt.

»Hamburger Feuersturm«

Rothenburgsort zeigt sich anfangs spröde, birgt aber Perlen. Nur zwei S-Bahn-Stationen vom Hauptbahnhof entfernt, erscheint die Gegend mit ihren Industrieanlagen, Kleingärten und Kanälen zwischen Bille und Elbe nicht gerade attraktiv. Man wähnt sich weit weg von der Millionenstadt. Das **Denkmal Hamburger Feuersturm in Rothenburgsort** 1 an der Straße **Billhorner Deich** schockiert: Bomben vernichteten im Juli 1943 diesen Arbeiter- und Industriestadtteil. Der Künstler Volker

Lang schuf 2003 ein beeindruckendes Mahnmal: Das Gebäude in Form eines Terrassenhauses – ein typisches Arbeitermietshaus. Die weißen Innenwände sind übersät mit Notizen, mit denen Überlebende den Feuersturm beschrieben.

Weithin sichtbar ist seit 1848 der **Wasserturm** in Rothenburgsort als Wahrzeichen des Stadtteils. Das zentrale Wasserwerk entstand um die Mitte des 19. Jh. Die Wasserversorgung wird auch heute noch von hier aus gesteuert. Auf dem ausgedehnten Betriebsgelände von **Hamburg Wasser** vermittelt das Museum **Wasserforum** 2 (Di, Do, So 10 bis 16 Uhr) einen spannenden Einblick in die einstige und heutige Wasserbeschaffung und -entsorgung. Mit Kopfschütteln erfährt man, wie im 19. Jh. die Knausrigkeit der Ratsherren zu mehrfachen Choleraausbrüchen führte, weil sie fast ungefiltertes Elbwasser als Trinkwasser in die Stadt leiten ließen. Hätte man doch auf den Engländer William Lindley gehört, der damals Hamburgs Wasserbau modernisierte! Erst nach der Epidemie von 1892 mit über 8000 Todesopfern wurden effektive Filtrationsanlagen eingesetzt. Weitere Abteilungen veranschaulichen die Technik des Wasserbaus und Ökologie der Wassergewinnung sowie die Abwasser-Behandlung.

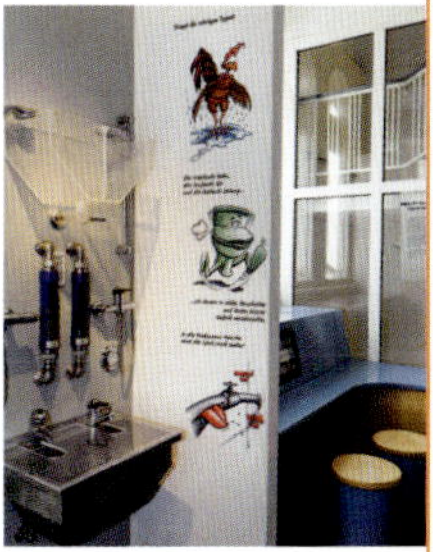

Wasserforum

Den 64 m hohen Wasserturm des damaligen Stararchitekten Alexis de Chateauneuf passiert man auf dem Weg zum **Trauns Park** 3. Der Rest des Landsitzes von Heinrich Traun, Hamburger Senator (1901–08), dient heute vor allem als Spielwiese. Das **Sperrwerk Billwerder Bucht** 4 von 2002 kann mit seinen vier 13 m breiten Toren bei Überflutungsgefahr den früheren Norderelbe-Arm **Billwerder Bucht** von der **Norderelbe** abriegeln. Vom Sperrwerk blickt man westwärts auf die **Elbbrücken,** ostwärts auf das moderne **Heizkraftwerk Tiefstack** 5 jenseits der Bucht.

MAL PAUSE MACHEN

Kaffee trinken, das Fernglas griffbereit: Von der Nilgans bis zur Nachtigall reicht das Spektrum der Vogelwelt, die man von der **Terrasse des Cafés in der Villa Kaltehofe** sehen oder hören kann.

Nach 1892 legte die Stadt auf der Elbinsel **Kaltehofe** 22 Filterbecken an, die von 1893 bis 1964 gereinigtes Elbwasser an Hamburgs Haushalte lieferten. In einer Jugendstilvilla von 1894 kontrollierte das Hygienische Institut bis 1990 das Trinkwasser. 2011 öffnete hier die **Wasserkunst Elbinsel Kaltehofe** 6 (März–Okt. Di–So 10–18, sonst 10–17 Uhr) ihre Pforten. Entstanden ist ein Ensemble aus Industriedenkmal, Museum und Naturlehrpfad. Gezeigt wird u. a. das mühsame Verfahren der Wasserfiltration. Ein Neubau präsentiert 200 Jahre »Kunst am Wasser«, und durch das **Außengelände** führt ein Lehrpfad zu einigen der Filterbecken mit ihren dekorativen Schieberhäuschen. Die aufgelassenen Becken blieben jahrzehntelang sich selbst überlassen und entwickelten sich so zu bemerkenswerten Biotopen.

Wasserkunst Kaltehofe

Die nahezu autofreie Insel ist ein Naturparadies. Zugvögel rasten in der Billwerder Bucht und dem angrenzenden Süßwasserwatt, auf Kaltehofe brüten über 40 Vogelarten. Aussichtsposten sind der 8 m hohe **Hauptdeich** 7 entlang der Elbe, noch besser der **Hinterdeich** 8 an der Bucht. Angler sind oft nahe dem Sperrwerk erfolgreich.

Touren im Anschluss: 21, 23

Billekanal
Großmannstraße
Gustav-
Kunst-Str.
Billekanal
22
ROTHENBURGSORT
Billhorner Deich
Billstraße
S2, S21
ROTHENBURGSORT
Denkmal Hamburger Feuersturm
1
Carl-Stamm-Park
Billhorner Deich
Billstraße
Institut für Hygiene und Umwelt Hamburg
Thiedingreihe
Marckmannstraße
Vierländer
Wasserforum
2
Bergedorfer Heerweg
Rothen-
burgstr.
Damm
Freihafensr.
Zollvereinsstr.
Hanseatenstieg
Ausschläger Allee
3
Trauns Park
Ausschläger Elbdeich
Ausschläger Elbdeich
Billwerder Bucht
4
Sperrwerk Billwerder Bucht
8
7
KALTEHOFE
Heizkraftwerk Tiefstack
5
Kaltehofe Hinterdeich
Kaltehofe Hauptdeich
Wasserkunst Elbinsel Kaltehofe
6
8
Norderelbe
7
Peuter Elbdeich
N
0
200 m

Tour 23

Veddel – neue Räume für die Stadt

Feuerwache Veddel › Müggenburger Zollhafen › IBA Dock › Infozentrum Energieberg › Horizontweg › Auswanderermuseum BallinStadt

Start: Ⓢ **Veddel Nordzugang (S3, 31)**
Ziel: Ⓢ **Veddel Südzugang (S3, 31)**
Wann: **bei guter Sicht – für den Rundblick vom Energieberg, April–Okt.**
Distanz: **2,5 km**

Die Veddel besitzt vorbildliche Genossenschafts-Wohnblocks der 1920er-Jahre, neuerdings glänzt der Stadtteil mit dem IBA Dock und zukunftsweisenden Wohnmodellen sowie mit dem Auswanderermuseum BallinStadt. Der nahe Energieberg bietet vom Horizontweg einen fantastischen 360-Grad-Rundblick.

Schumacher-Bauten

Das Wohngebiet der **Veddel** südlich der Norderelbbrücken wird von den vielen Bahngleisen im Westen und von der Autobahn 255 im Osten regelrecht eingezwängt. Gemeinnützige Wohnungsbaugenossenschaften errichteten hier beispielhafte Siedlungen mit Kleinwohnungen im Backsteinstil, den der damalige Oberbaudirektor Fritz Schumacher bevorzugte. Auch die Veddeler **Feuerwache** 1 in der Straße **Am Zollhafen** trägt noch diese Handschrift sowie die benachbarte ehemalige **Polizeikaserne,** deren Räume neuerdings in Wohnungen verwandelt wurden.

Von der hohen **Deichpromenade** am **Müggenburger Zollhafen** 2 schaut man nordwärts auf die Feuerwehr hinunter. Erst nach der großen Sturmflut von 1962, die hier auf der Veddel viele Opfer gefordert hatte, wurde der Deich so stark erhöht, dass die Veddeler sich nun vor Überflutungen geschützt fühlen können. Die Bänke auf der Deichpromenade laden zum Zuschauen ein, wie sich mit Ebbe und Flut der Wasserstand täglich zweimal senkt und hebt, der normale Tidenhub beträgt über drei Meter.

MAL PAUSE MACHEN

Einladend sind die Bänke auf der hohen Deichkrone am Müggenburger Zollhafen mit dem Blick auf das bunte **IBA Dock,** das mit der Tide im Wasser schaukelt.

Die Wasserbewegungen machen den **Anleger der Maritimen Circle Line** am gegenüberliegenden Südufer und das gesamte **IBA Dock** 3 (iba-hamburg.de) auf der Nordseite mit, da sie auf Pontons gelagert sind. Das bunte, aus Containern zusammengesetzte »Dock«, ist im strengen Sinne aber gar keines, sondern ein schwimmendes Ausstellungs- und Bürogebäude für die **Internationale Bauausstellung 2013 (IBA)** und ihre Nachfolgeinstitution. IBA und die Internationale Gartenschau (igs), die zeitgleich stattgefunden hat, zeigen hier auch über den Ausstellungszeitraum 2013 hinaus die in ihren Denkfabriken entstandenen wegweisenden Modelle für das Wohnen in der Zukunft. Gerade im urbanen Patchwork der Elbinsel, citynah zwar, aber durchschnitten von Verkehrsschneisen, sieht die IBA städtebauliches Potenzial für neue attraktive Räume in der Metropole, sogenannte Metrozonen. Mit insgesamt 60 Projekten führt die IBA den Nachweis, wie innere Stadtränder zu lebenswerten Quartieren werden können.

IBA Dock

Eine bemerkenswerte stadtplanerische Problemlösung gelang mit der **Mülldeponie Georgswerder,** einem Müllberg südlich der Veddel, der nach dem Zweiten Weltkrieg mit Trümmerschutt und hochgiftigen Industrieabfällen die Elbniederung belastete. Aus dem 40 m hohen Schandfleck zauberten Landschaftsarchitekten ein Ausflugsziel: das **Infozentrum Energieberg** 4 (Mai–Okt. Di–So 10–18 Uhr). Es gibt Führungen auf den Hügel mit seinen Wildkräutern, Solarfeldern und Windrädern. Der neue **Horizontweg** 5 erlaubt einen 360-Grad-Rundblick über Hafen, Stadt, Industrieanlagen und die Harburger Berge.

BallinStadt

Seit ein paar Jahren zieht das einzigartige **Auswanderermuseum BallinStadt** 6 (April bis Okt. 10–18, sonst 10–16.30 Uhr) zahlreiche Besucher auf die Veddel. Von den **Auswandererhallen** im Hamburger Hafen emigrierten zwischen 1850 und 1938 fünf Millionen Menschen nach Amerika. Die Stadt verdiente prächtig an dieser Art von Überseepassagen, insbesonders die Reederei HAPAG. Ihr Generaldirektor Albert Ballin investierte um 1900, kurz vor dem Höhepunkt der Emigrationswelle, in eine komplette Auswandererstadt auf der Veddel, sogar mit Synagoge und Kirche. Nach dem Ersten Weltkrieg ebbte die Emigration ab, nach dem Zweiten waren von den über 30 Gebäuden nur noch wenige Spuren übrig. In dem lebendig gestalteten Museum mit bewegenden Ton- und Bilddokumenten kann man sich sehr plastisch in die Stimmungslage der damaligen Emigranten versetzen. An Internetterminals kann man einst ausgewanderte Familienmitglieder aufspüren.

Touren im Anschluss: 22, 24

Am Saalehafen
Am Gleise
Wilhelmsburger Straße
Immanuel-stieg
Slomanstr.
Veddeler Damm
Veddeler Brückenstraße
Hovestieg
Hovestraße
Peutekanal
Katenweide
Uffelsweg
Feuerwache Veddel
1
23
Am Zollhafen
Promenade
3 IBA-Dock
255
S3, S31
Müggenburger Zollhafen
2
S VEDDEL
Auswanderermuseum BallinStadt
6
M
P
Packersweide
Warlimontw.
Veddeler Str.
Veddeler Bogen
Georgswerder Bogen
VEDDEL
HAMBURG-GEORGSWERDER
Wilhelmsburger Reichsstr.
252
Kleingartenweg
Fiskalische Straße
Kleingärten
KREUZ-HAMBURG-SÜD
Georgswerder Ring
Infozentrum Energieberg
4
Niedergeorgswerder Deich
Nelkenw.
Rahmwerder Str.
Sielstr.
Eishövel
Langenhövel
Mittelhövel
Brackhövel
Buschweide
5
Horizontweg
N
0
200 m

Tour 24

Wilhelmsburg – Inselpark und Energiebunker

Behörde für Stadtentwicklung und Umwelt › Inselpark › Wasserwerk › Alter Friedhof Wilhelmsburg › Weltquartier › Energiebunker

Start: Ⓢ Wilhelmsburg (S3, 31)
Ziel: Neuhöfer Straße Ost (Bus 34) oder Veringstraße Mitte (Bus 13)
Wann: tagsüber jederzeit, die Freizeitangebote des Inselparks am besten im Sommer
Distanz: 4,5 km

Deutschlands größte Flussinsel Wilhelmsburg hat dank der Gartenschau igs und der Bauausstellung IBA 2013 ein neues Gesicht bekommen. Gärten, Parks, ein Netzwerk von Kanälen und viele zukunftsweisende Bauprojekte werten das Arbeiter- und Industrieviertel auf.

BSU Wilhelmsburg

Nur drei S-Bahnstationen von der Hamburger Innenstadt entfernt beeindruckt **Wilhelmsburg** mit seinen Kontrasten. Im Norden und Westen der riesigen Elbinsel brummt der Hamburger Hafen, im Südosten grasen Kühe, dort liegen auch einzigartige Naturschutzgebiete. Wilhelmsburg war lange ein ziemlich vernachlässigter Wohn- und Industriestadtteil mit hohem Migrationsanteil. Durch die Projekte der Internationalen Bauausstellung (IBA) und den im Zuge der Gartenschau igs 2013 enstandenen Inselpark hat sich Wilhelmsburg enorm verändert.

Mit seinen buntfarbenen Querstreifen fällt der dynamisch geschwungene Neubau der **Behörde für Stadtentwicklung und Umwelt** 1 (BSU) auf. Im Foyer steht ein großes Modell der Hamburger City (Mo–Fr 9–19, So 13–17 Uhr). Gegenüber dem BSU-Gebäude sind bahnbrechende Architektur- und Wohnmodelle für die Zukunft entstanden wie **Am Inselpark** 2. IBA-Projekte wie das **Soft-House** (Nr. 5) oder die **Hybrid Houses** (Nr. 6) vermitteln, wie der Energieverbrauch durch innovative Anlagen enorm gedrosselt werden kann, sie zeigen auch praktikable Modelle für die Mehrzwecknutzungen von Häusern. Das **BIQ** (Nr. 17) ist auf der Südseite von einer Gebäudehülle (Bioreaktorfassade) umfasst, in der Mikroalgen wachsen, diese werden automatisch geerntet und in der hauseigenen Biogasanlage in Energie umgewandelt. In einem Regenrückhaltebecken liegen weitere Zukunfts-Wohnmodelle wie die **Waterhouses** (Am Inselpark ab Nr. 2), sie zeigen, wie auch ein See als »Baugrund« dienen kann.

MAL PAUSE MACHEN

Eine besondere Atmosphäre strahlen die von den Weltreligionen inspirierten Gartenanlagen rund um die alte Kapelle im Inselpark aus. Die Rasenflächen unter den Bäumen bieten Ruheplätze.

Wie eine Holzskulptur wirkt das **Wälderhaus** (Nr. 19). In diesem sind ein Biohotel, Restaurant und eine Ausstellung rund um das Thema Holz untergebracht. Eine »Wunderkammer« oder Mikroskopiestationen führen in die Geheimnisse von Wäldern ein. Neben dem Wälderhaus beginnt der 100 ha große Inselpark. Für die Gartenschau wurden hier ein ehemaliger Rangierbahnhof und andere Brachflächen in ein Freizeitgelände umgestaltet. Viele der ehemals 80 Themengärten konnten erhalten werden.

Wälderhaus

Die **Kletterhalle** 3 (www.nordwandhalle.de) ist ein beliebtes Ziel für Alpinsportler. In die **ehemalige Blumenschauhalle** ist mit dem neuen Team der Hamburg Towers die 2. Basketball-Bundesliga eingezogen.

Ein Schmuckstück von 1911 ist das alte **Wasserwerk** 4, das 2012 in das Restaurant **Wasserwerk Wilhelmsburg** (s. Restaurants, S. 139) verwandelt wurde, die frühere Maschinenhalle

Restauriertes Wasserwerk

mit ihren 4 m hohen, schmalen Fenstern dient nun als lichtdurchfluteter Gastraum. Die **Bar Schluck & Happen** ist ein idealer Stopp für durstige Wassersportler auf dem drei Kilometer langen **Kanurundkurs**. Wer nicht paddeln möchte, kann dem Kanal **Rathauswettern** zu Fuß folgen und gelangt so auf den **Alten Friedhof Wilhelmsburg** 5 mit seiner Kapelle von 1895. Im Zuge der igs entstanden hier um einen zentralen Brunnen herum fünf Gärten für die fünf Weltregionen. Die ehemalige Trasse der Wilhelmsburger Industriebahn leitet zu einem Vorzeigeprojekt der IBA, dem **Weltquartier** 6, Planer und 1700 Bewohner aus 30 Nationen modernisierten die alte Arbeitersiedlung an der Weimarer Straße, der Pavillon am Weimarer Platz ist ihr lokaler Treffpunkt. Ein riesiger Flakbunker aus dem Zweiten Weltkrieg wurde dank der IBA zum **Energiebunker** 7. Die Solarfelder außen und weitere Energiespender wie das Deponiegas der ehemaligen Deponie Georgswerder oder Prozesswärme benachbarter Industrieunternehmen versorgen einen Wassertank im Inneren; 3000 Wohnungen lassen sich damit beheizen. Vom **Café vju** in 30 m Höhe schaut man bis in die Hamburger City.

Touren im Anschluss: 23, 25

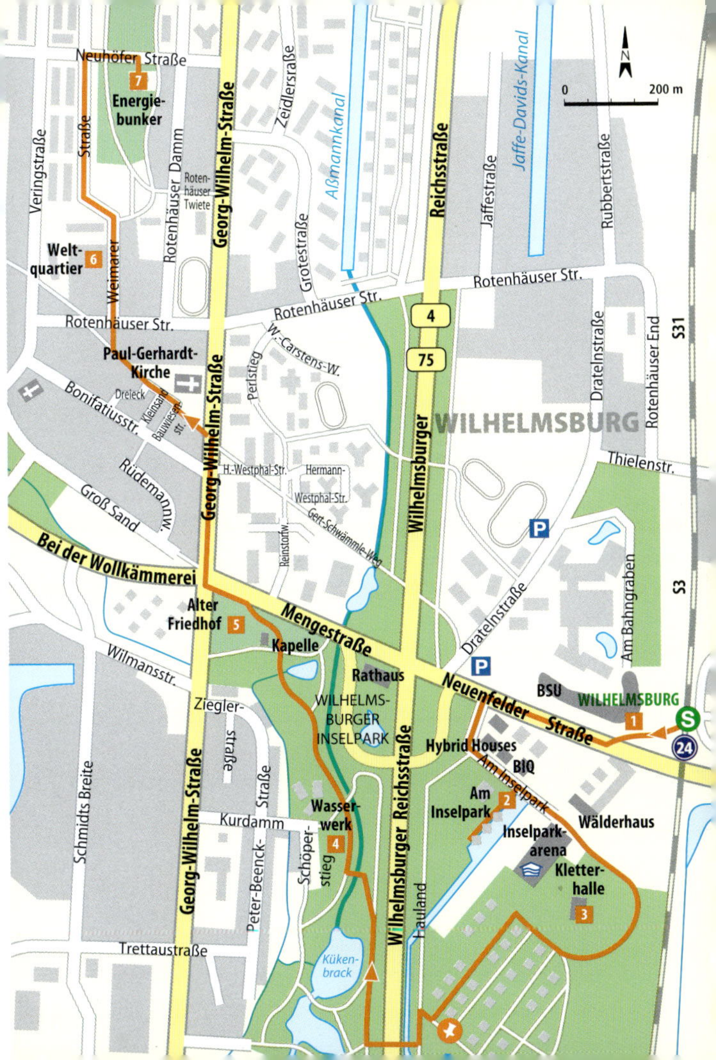
Neuhöfer Straße
7
Energie-bunker
Veringstraße
Weimarer Straße
Rotenhäuser Damm
Roten-häuser Twiete
Georg-Wilhelm-Straße
Zeidlersraße
Aßmannkanal
Reichsstraße
Jaffestraße
Jaffe-Davids-Kanal
Rubbertstraße
0
200 m
N
Welt-quartier
6
Grotestraße
Rotenhäuser Str.
4
75
Rotenhäuser Str.
Rotenhäuser Str.
Dratelnstraße
Rotenhäuser End
S31
W.-Carstens-W.
Paul-Gerhardt-Kirche
Perlstieg
Dreieck
Bonifatiusstr.
Kleinsand
Bauwiesen-str.
Wilhelmsburger
WILHELMSBURG
Thielenstr.
H.-Westphal-Str.
Hermann-Westphal-Str.
Gert-Schwämmle-Weg
Rüdemannw.
Groß Sand
Bei der Wollkämmerei
Reinstorfw.
Am Bahngraben
S3
Dratelnstraße
P
P
Alter Friedhof
5
Mengestraße
Kapelle
Rathaus
Wilmansstr.
WILHELMS-BURGER INSELPARK
Neuenfelder Straße
BSU
WILHELMSBURG
1
S
24
Ziegler-straße
Hybrid Houses
BIQ
Am Inselpark
Am Inselpark
2
Wälderhaus
Schmidts Breite
Georg-Wilhelm-Straße
Peter-Beenck-Straße
Kurdamm
Schöper-stieg
Wasser-werk
4
Wilhelmsburger Reichsstraße
Inselpark-arena
Kletter-halle
3
Hauland
Trettaustraße
Küken-brack

Tour 25

Neu und Alt zwischen Harburger Rathaus und Schlossinsel

Harburger Rathaus › Helms-Museum › Lämmertwiete › Schlossinsel › Channel Tower

Start: Ⓢ **Harburg Rathaus (S3, 31)**
Ziel: Ⓢ **Harburg Rathaus (S3, 31)**
Wann: **jederzeit rund ums Jahr; schön an warmen Tagen und Abenden in der Lämmertwiete und am Wasser**
Distanz: **4,5 km**

Zeitreise in die alte Stadt Harburg. Im Helms-Museum wird die Welt der frühen Besiedler Norddeutschlands lebendig. Rund um Harburgs Schlossinsel des 17. Jh. blüht eine neue Architekturlandschaft auf, Industriebauten der letzten 150 Jahre werden modernisiert und neuen Nutzungen zugeführt.

Helms-Museum

Das **Harburger Rathaus** 1 von 1889 im Stil der flämischen Renaissance erinnert daran, dass die Stadt früher unabhängig war und erst 1937 Hamburg eingemeindet wurde. Im Rathausfoyer zeigt ein Bronzemodell die Stadt und ihre Schlossfestung im 17. Jh. Im Archäologischen Museum, dem **Helms-Museum** (Harburger Rathausplatz 5, Di–So 10 bis 17 Uhr), wird die Vorgeschichte der Stadt zum Erlebnis. Anschaulich geleiten die einzelnen Ausstellungsbereiche den Besucher bis in 25 000 Jahre Vergangenheit im Raum Hamburg. Das **Haupthaus des Museums** (Museumsplatz 2) zeigt Sonderausstellungen und Harburgs Stadtgeschichte. Kriegszerstörung und nachfolgender Städtebau haben Harburgs historische Gestalt fast bis zur Unkenntlichkeit ausgelöscht.

Ein schöner Ruheplatz mitten in der Harburger City ist die **Helms-Lounge** mit ihrem minimalistischen Interieur und der Außenterrasse.
- Helms-Museum Di–Sa 9–24, So 9.30–18 Uhr

Eine kleine Ahnung von der Altstadt mit ihren Häusern ab dem 16. Jh. vermittelt die lauschige Gasse **Lämmertwiete** 2 mit ihren gemütlichen Restaurants und Kneipen.

Die frühere Verbindung zwischen Stadt und Schloss Harburg zerschneiden die B73 und Bahntrasse. Auf der Nordseite der Unterführung, an der **Harburger Schloßstraße,** prallen Alt und Neu aufeinander, auf der Westseite erinnern Fachwerkhäuser aus dem 18. Jh. an die Zeit der Postkutschen, wie das historische **Gasthaus Goldener Engel** (Nr. 7, €€). Gegenüber stehen hochmoderne Gebäude der **Technischen Universität Harburg** und von zahlreichen Hightechfirmen.

Schloßstraße

Dazwischen erhebt sich der restaurierte alte Backsteinspeicher mit dem futuristischen Erlebnisrestaurant **Schwerelos** 3 (Nr. 22, s. Restaurants, S. 138). In dem »Achterbahnrestaurant« geben die Gäste ihre Bestellung per Touchscreen auf und Minuten später sausen Getränke und Speisen auf Schienen aus fünf Metern Höhe unfallfrei auf die Tische. Draußen spiegelt sich die neue und alte Architektur des aufgelassenen Hafen- und Industriegebiets im **Westlichen Bahnhofskanal**. Die Modeln der ehemaligen **Textilfärberei und Blaudruckerei** (Nr. 13) können heute im Helms-Museum besichtigt werden. Neben dem Fachwerkbau führt ein Pfad hinüber zur Brücke über den Kaufhauskanal und zu den Neubauten an der Blohmstraße.

Von der **Lotsekanal-Klappbrücke** 4 schaut man auf das maritime Flair am **Lotsekanal** und **Harburger Binnenhafen** 5. Hamburgs einziger Dockhafen ist ein beliebter Liegeplatz für kleinere Schiffe, eine Schleuse schützt ihn vor Ebbe und Flut.

Jenseits der Brücke braucht man Fantasie, um auf der **Schlossinsel** die alte Zitadelle zu erkennen, die hier im Dreißigjährigen Krieg das **Harburger Schloss** 6 schützte. Von ihm blieb nur ein Flügel – heute ein schlichtes Wohnhaus. Zukünftige Bauten und Parkanlagen auf der Insel sollen das Fünfeck der Zitadelle wieder sichtbar machen. Als Kontrast zu den neuen Wohnblocks bleiben eine alte Werft und die **Kaffeerösterei Fehling** 7 stehen, der **Kulturkran** erinnert an den ehemaligen Kohleumschlag.

Ab 2015 öffnet eine solarbetriebene Drehbrücke eine neue Verbindung zum Südufer und einen weiten Blick auf die Binnenschiffe und Freizeitboote im Hafen. Schön sitzt man im Restaurant **Momento di...** (Nr. 3), die Speisekarte ist vorwiegend italienisch mit leicht sri-lankischen Einfärbungen.

Channel Tower

Entlang dem **Schellerdamm** finden sich weitere Architekturperlen. Getreide lagerte früher im **Fleethaus** (Nr. 2), hinter der denkmalgeschützten Fassade sind heute Büros. Das **Silo** (Nr. 16) hat jetzt Fenster in den Türmen, ein Bürokomplex sitzt obendrauf. Harburgs neue Landmarke, der 75 m hohe **Channel Tower** 8 aus Backstein und Spiegelglas überragt alles.

Tour im Anschluss: 24

Überwinterungshafen
Harburger Hafenschleuse
Hafenbezirk
Lauenbrucher Hauptdeich
Harburger Holzhafen
Dampfschiffsweg
Konsul-Ritter-Straße
An der Horeburg
Schloss Harburg
6
Kaffeerösterei Fehling
Werft
Zitadellenstr.
Kulturkran
Bauhofstr.
Lotsekai
Lotsestieg
7
Lotsekanal
Lotsebr.
Binnenhafen
5
Harburger
Im Bau
Kaufhauskanal
Kanalpl.
4
Nartenstraße
Hannoversche Straße
Seehafenbrücke
Blohmstr.
Gasthaus Goldener Engel
Veritaskai
Westlicher Bahnhofskanal
Schellerdamm
Fleethaus Silo
ehem. Textil- u. Blaufärberei Electrum
Harburger Schloßstraße
3
Schwerelos
Karnapp
Helmsw.
Bleicherw.
Östlicher Bahnhofskanal
HARBURG
Buxtehuder Straße
2
Lämmertw.
brücke
M.-Leuschel-Ring
Wallgraben
Straße
8
Channel Tower
73
Dreifaltigkeitskirche
Am Soldatenfriedhof
H.-Maul-Str.
Schloßmühlendamm
Am Werder
Küchgarten
Bahnhofsinsel
Karnapp
Schwarzenbergstr.
Zur Seehafenbrücke
Neue
Sand
Marktpl.
Kl. Schippsee
H.-Fitze-Str.
Gr. Schippsee
Am Wall
Hölertwiete
HARBURG-RATHAUS
Harburger Ring
Buxtehuder Straße
Seevestraße
Alte Seevestraße
Eißendorfer Str.
Centrumshaus
Am Häuser
Salzburger Häuser
J.-Ludowieg-Str.
Rathausplatz
1
Deichhausw.
Walkmühlenw.
Lauterbachstr.
Goldschmidtstr.
Knoopstraße
St. Maria Kirche
Rathaus
25
Lüneburger Tor
Theater
Helms-Museum
Rathauspassage
Str.
Lüneburger Str.
Amalienstr.
Schüttstr.
Ebelingstr.
Rieckhoffstr.
Krooswег
Wilhelmstr.
Asbeckstr.
Bremer
Krummholzberg
Seevepassage
W.-Dudek-Br.
73
St. Johannis Kirche
Moorstraße
S3, S31
HAMBURG-HARBURG
Hastedtstr.
Hastedtpl.
Bremer Straße
Brunsstr.
Steinikestr.
Maretstraße
Bunatwiete
Eddelbüttelstr.
Wilstorfer Straße
Kalischerstraße
Beckerberg
Lassallestr.
Christuskirche
Reinholdstr.
Hoffmeyerstr.
N
0
200 m

Tour 26

Heidschnucken, Hünengräber und Höhenflüge

Naturschutz-Informationshaus Alter Schafstall › Fischbektal › Europäischer Fernwanderweg E 1 › Krattwald › Archäologischer Wanderpfad

Start: Ⓢ Neugraben (S 3, 31)/ Fischbeker Heideweg (Bus 250)
Ziel: Fischbeker Heideweg (Bus 250)/ Ⓢ Neugraben (S 3, 31)
Wann: ganzjährig, bei guter Sicht; nachts im Mai–Juni, um dem Gesang der Ziegenmelker zu lauschen
Distanz: 7,5 km

Das Naturschutzgebiet Fischbeker Heide hat alles, was zu einer echten Heidelandschaft gehört: den rosaroten Teppich des Heidekrauts, Schafe, malerische Wege durch Wacholder und Birken. Erstaunt stellt man fest: Dies ist eine uralte Kulturlandschaft!

Alter Schafstall

Im reetgedeckten **Naturschutz-Informationshaus Alter Schafstall** 1 (Di–Fr 9–13, So 11–17 Uhr, www.loki-schmidt-stiftung.de) im Westen der **Harburger Berge** erfährt man, dass die **Fischbeker Heide** ohne Schafe keinen Bestand hätte. Sie ist nämlich keine Natur- sondern eine **Kulturlandschaft.** Ursprünglich wuchs hier Mischwald, aber schon vor über 3000 Jahren, in der Bronzezeit, holzten die hiesigen Bewohner ihn so stark ab, dass sich auf dem Ödland die anspruchslose Heide ausbreitete. Aus der Not machten die Bauern eine Tugend: Heidewirtschaft war eine hochspezialisierte Kultur mit Wolle-, Honig- und Wachsproduktion. Die wolligen **Heidschnucken** »naschen« (schnucken) an der Heide, so wächst sie nicht zum Busch aus. Baumschösslinge fressen sie auch – im Schatten von Bäumen ginge sonst die Heide zugrunde. Die heutigen Hüter der Fischbeker Heide »wohnen« im **Neuen Schafstall** neben dem Infohaus.

Heidschnucken

Die Harburger Berge sind kein echtes Gebirge. Die vorletzte Eiszeit schuf hier eine Hochfläche, in die sich Flüsse einschnitten. Doch im **Fischbektal** 2 ist kein Bach zu erkennen! Die Talsenke entstand während der letzten Eiszeit. Zwar reichte die Vergletscherung damals nur bis zum Nordosten des heutigen Hamburger Gebiets, aber der Boden war in weitem Umkreis und bis in großer Tiefe gefroren. Alles Wasser lief oberflächlich ab und formte diese tiefe Rinne, das heutige **Trockental.**

Bildschön liegt die **Heidelandschaft** in dieser sandigen Senke, mit Glück trifft man hier Schafherde, Schäferin und Hütehund. Nadel- und Mischwälder umrahmen die Talflanken. Am Westhang sind einige Bäume mit weißen Andreaskreuzen markiert: der **Europäische Fernwanderweg E1** 3. Er beginnt in Mittelschweden, endet im nördlichen Italien und soll irgendwann einmal vom Nordkap nach Sizilien reichen – 4900 km lang –, Hamburg liegt in der Mitte. Beim **Aussichtspunkt am Segelflugplatz** 4 kann man oft Seglern am Himmel zuschauen.

MAL PAUSE MACHEN

Schweißtreibend ist das Auf und Ab der steilen Hänge im Fischbeker Trockental – und dann auf einmal diese einladende Bank vor der weiten Heidefläche am **Aussichtspunkt Segelflugplatz**!

Von den Birken in der Heide des Fischbektals führen **Baumpieper** im Frühjahr ihren Balzflug vor. Nach Sonnenuntergang erklingt der sonore Gesang der **Ziegenmelker,** den die Nachtschwalben im Mai und Juni anstimmen. Talaufwärts wandert man durch Kiefern- und Mischwald. Das östliche Plateau oberhalb des kleinen **Kuhteichs** ist von Eichen, Buchen und Birken bewachsen, sie sind Restbestände eines **Krattwalds** 5.

Archäologischer Wanderpfad

An einer Lichtung steht die **Tafel 1 des Archäologischen Wanderpfads** 6. Die Gegend zeigt Siedlungsspuren seit der Jüngeren Steinzeit. Seit der Bronzezeit 1800 v. Chr. war sie ständig besiedelt. Die **Stationen 2 bis 5 des Lehrpfads** 7 benennen unter anderem die ungelösten Rätsel der Archäologen. Oft wurden Grabhügel von Schatzsuchern des 19. Jh. zerwühlt oder von Anwohnern geplündert, die die Steine der Hünengräber gut gebrauchen konnten.

Die bis 6 m tiefe längliche Grube im Osten der Wiese ist eine **Mergelkuhle** 8. Das kalkhaltige, lehmige Material verwendeten Bauern bis ins 20. Jh. u.a. zur Aufbesserung ihres »ausgemergelten« Bodens.

Am **Gräberfeld** 9 im Wald bekommt man vier Grabstätten, z.T. dank Rekonstruktionen, »vorgeführt«: Hügel mit Feldsteinkreisen und -pflastern aus der Stein- und Bronzezeit, auch ein nachgebauter Baumstammsarg. Vom **bronzezeitlichen Langhügel** 10 wissen die Archäologen: Körpergräber und Ascheurnen zeigen hier den Wandel der Bestattungskultur im Laufe der Bronzezeit an.

Tour im Anschluss: 27

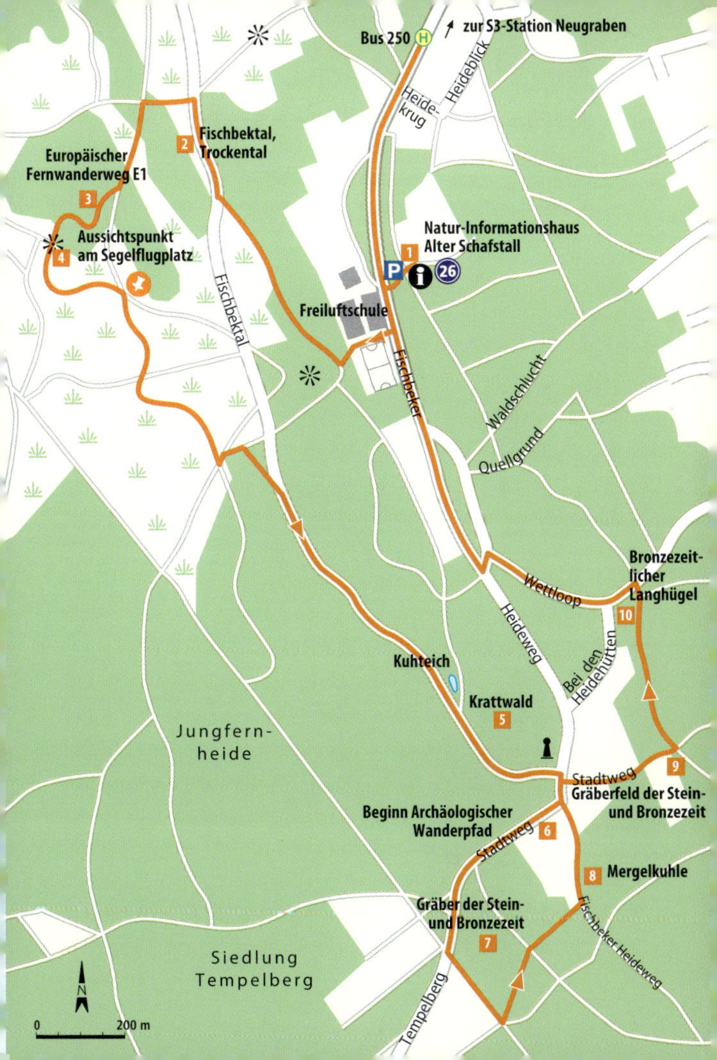

Bus 250
zur S3-Station Neugraben
Heidekrug
Heideblick
Fischbektal, Trockental
2
Europäischer Fernwanderweg E1
3
Aussichtspunkt am Segelflugplatz
4
Natur-Informationshaus Alter Schafstall
1
26
Freiluftschule
Fischbektal
Fischbeker
Waldschlucht
Quellgrund
Wettloop
Bronzezeitlicher Langhügel
10
Heideweg
Bei den Heidehütten
Kuhteich
Krattwald
5
Jungfernheide
Stadtweg
9
Gräberfeld der Stein- und Bronzezeit
Beginn Archäologischer Wanderpfad
6
Stadtweg
8
Mergelkuhle
Gräber der Stein- und Bronzezeit
7
Fischbeker Heideweg
Siedlung Tempelberg
Tempelberg
N
0
200 m

Tour 27

Abenteuer rund um den Kiekeberg

Freilichtmuseum Kiekeberg › Hochseilgarten › Hofladen › Wildpark Schwarze Berge › Elbblickturm

Start: Ⓢ Neuwiedenthal (S3, 31)/ Museum Kiekeberg (Bus 340)
Ziel: Museum Kiekeberg (Bus 340)/ Ⓢ Neuwiedenthal (S3, 31)
Wann: tagsüber das ganze Jahr
Distanz: 2 km plus Wegstrecke durch den Wildpark

Brot backen im Lehmofen, am Simulator eine Erntemaschine steuern, das und viel mehr bietet das Freilichtmuseum Kiekeberg. Nebenan hangelt man sich wie Tarzan durch die Wipfel. Wölfe und Bären, aber auch Streicheltiere warten im Wildpark Schwarze Berge. Fantastisch ist die Sicht vom Elbblickturm.

Ein »Parkplatz mit Biozertifikat« ist die **Streuobstwiese** im **Landwirtschaftlichen Entdeckergarten** 1. Infotafeln geben Einblick in die Landwirtschaft gestern und heute. Das **Freilichtmuseum Kiekeberg** 2 gegenüber ist Publikumsmagnet, nicht nur an den Aktionstagen mit Pflanzenmarkt, Schlachtfest, Traktortreffen und dem originellen Weihnachtsmarkt. Als sich im 20. Jh. die bäuerliche Kultur im Landkreis Harburg südlich der Elbe rapide änderte, sammelte man Musterbauten des 17. bis 19. Jhs. aus der Heideregion und den Elbmarschen. Das bäuerliche Idyll mit Ziehbrunnen und über 30 Hofgebäuden beleben Hühner und andere Hoftiere. Gäste können Brot im Lehmofen backen, Ziegel herstellen, sogar lernen, wie man Schnaps brennt. Die Ausstellung **Landleben der 1950er-Jahre** zeigt den Mix aus damaliger Moderne und Tradition in einem Aussiedlerhof.

Auf drei Geschossen präsentiert das 2012 eröffnete **Agrarium** 3 seine Hauptthemen Energie, Ernährungs- und Agrarwirtschaft. Beeindruckend ist die Kollektion von Landmaschinen seit dem Dampfzeitalter; Technikbegeisterte spielen im Führerhaus einer Mega-Erntemaschine modernes Einfahren der Feldfrucht auf dem Simulator durch. Spannende Lebensmittelkunde: Wie kriegen die Pommes ihre Stäbchenform? Wie geht es im Schlachthof zu? Wie viel Zucker steckt in Ketchup oder Gummibärchen? Diese Wissensshow für alle Sinne und für Jung und Alt kann schon Stunden ausfüllen. Im Sommer begeistert der vielseitige **Wassererlebnispfad** 4 im Freigelände Kinder mit Floßfahren, Pumpen, Archimedischer Schraube, Wasserrad und vielen Spritz- und Plätscherspielen. Fürs leibliche Wohl sorgen der Landhof **Stoof Mudders Krog** mit Speisen aus regionaler Produktion (€–€€), das Röstereicafé **Koffietied,** ein **1950er-Jahre-Pilzkiosk** und auch die **Picknickplätze** auf dem Gelände. Der Museumsshop hat eine originale Jugendstileinrichtung (s. Shopping, S. 143).

Laden von anno dazumal

Im Wald hinter dem traditionsreichen Gasthaus zum Kiekeberg geht es im **Hochseilgarten Kiekeberg** 5 ins Geäst auf Parcours (www.hochseilgarten-kiekeberg.de).

MAL PAUSE MACHEN

Hier erfüllt der Kiekeberg, was sein Name verspricht: Die Terrasse im **Gasthaus zum Kiekeberg** bietet genussreiche Kost und Fernblicke auf Hamburg.
- Am Kiekeberg 5
  Tel. 7 90 50 21
  www.kiekeberg.de

Auch wenn es der Name verspricht – weit »kieken« kann man wegen der Bäume nicht. Auf dem **Selbstbedienungs-Blumenbeet** 6 blüht, was gerade Saison hat, von Tulpen im Frühjahr bis zu Gladiolen im Herbst. Blumen abschneiden, Geld in den Safe werfen, das Feld gehört zum nahen **Spargelhof Schröder** 7. Ganzjährig werden auf dem Hof regionale Produkte, auch Weihnachtsbäume, verkauft (Am Sandberg 50; Spargelzeit: tgl. 8–18, Juli–Weihn. Di–Fr 9–18, Sa 9–16 Uhr).

Wildpark Schwarze Berge

Im **Wildpark Schwarze Berge** 8 (April bis Okt. 8–18, sonst 9–17 Uhr, www.wildpark-schwarze-berge.de) an der Hamburger Landesgrenze können sich Elche, Wölfe, Bären oder Luchse in dem z. T. über 150-jährigen Wald wie in freier Natur fühlen. Geschickt versteckt sind die Beobachtungsplätze am Gehege. Auf Lichtungen äsen Hirsche, Wisente oder Wildpferde. Mit Damwild kommt man im Freigehege oder mit Haustieren im Streichelzoo auf Tuchfühlung, ein Paradies für Kinder! Spannend für jedes Alter sind die Führungen, Fütterungen und Aktionstage, wie zum Thema Holz oder Hirschbrunft.

Einige exotische Arten beziehen im Winter die große **Kunsthandwerkerhalle** 9, wo sonst Holzgeschnitztes und Selbstgestricktes verkauft wird. Atemberaubend und lehrreich ist die tägliche **Flugschau** 10 (März–Okt. 12 und 15, sonst 14 Uhr) mit Greifvögeln. Wer die 151 Stufen des **Elbblickturms** 11 neben dem Grill an der **Köhlerhütte** erklimmt, belohnt sich mit einer fantastischen Aussicht auf Hafen, Köhlbrandbrücke, Hauptkirchtürme und mehr.

Tour im Anschluss: 26

Elbblickturm
11
10
WILDPARK
SCHWARZE BERGE
8
Kunsthandwerkerhalle
9
Prof.-Strache-Allee
Emmetal
Birkenhöhe
Unter den Eichen
Wiesenweg
Harburger Stadtw.
Achter-hof
Sniers
Baddels Hoff
Am Blöcken
Ehestofer
Heideweg
Dorfstraße
EHESTORF
Appelbütteler Str.
Museumsweg
Am Wildpark
Knickweg
6
Am Kiekeberg
Hochseilgarten
5
2
1
27
FREILICHTMUSEUM KIEKEBERG
Agrarium
3
4
Wasser-erlebnispfad
Straße
7
Kiekeberg
ALVESEN
Steinkuhle
Alveser
Am Sandberg
Alvesener Heuweg
Rüderstieg
Heinrich-Wendt-Weg
Am Lütens Hoff
Im Alvesener Dorfe
Alvesener Schulweg
Am Rosengarten
Eichenhain
Kirchweg
An der Mühle
Museumsw.
VAHRENDORF
N
0
200 m

Tour 28

Ottensen – Szeneviertel mit Industrieambiente

Platz der Republik › Rathaus Altona › Altonaer Balkon › › Christianskirche › Spritzenplatz › Kemal-Altun-Platz › Zeisehallen › Bonscheladen › Fabrik

Start: Ⓢ Altona (S 1, 2, 3, 11, 31)
Ziel: Ⓢ Altona (S 1, 2, 3, 11, 31)
Wann: jederzeit, lebendige Szene abends aber entspannter als auf St. Pauli und im Schanzenviertel
Distanz: 4 km

In Ottensen wohnen heißt Lebensqualität: bestens renovierte Altbauten, ein Mix von kreativen Geschäften und netten Kneipen, viele Kultureinrichtungen – einige in hervorragend sanierten früheren Fabriken. Und die Elbe mit Hafenblick ist nie weit weg.

Altonaer Museum

Enge Straßen voller Menschen prägen **Ottensen.** Hektisch geht es auch rund um den Altonaer Bahnhof zu. Doch schon im Park **Platz der Republik** 1 an Ottensens Ostrand verebbt das Großstadtgetümmel; wer will, sieht zu beim Boulespiel. Das **Altonaer Museum** zeigt norddeutsche Kulturgeschichte, eindrucksvoll ist die Galionsfiguren-Sammlung; im »Kinderolymp« spielen sich Familien mit ihren Sprösslingen durch die üppige Wissenswelt über Natur und Geschichte. Das **Kinderbuchhaus** lädt zum Schmökern ein und zeigt Illustrationen prämierter Kinderbücher (Museumsstraße 23, Di–So 10–17 Uhr).

An das frühere jüdische Leben, das in Altona bis zur Nazizeit eine wichtige Rolle spielte, erinnert der 5,5 m lange pechschwarze Quader **Black Form – Dedicated to the Missing Jews** von Sol LeWitt. Er bildet einen starken Kontrast zum blendend weißen, neoklassizistischen **Rathaus** 2 dahinter, in dem das Bezirksamt untergebracht ist. Das Reiterdenkmal Kaiser Wilhelms erinnert an die preußische Herrschaft in der ehemals dänischen Stadt ab 1866. Hamburgs Fahne weht am Altonaer Rathaus erst seit der Eingemeindung 1937.

Vom Park **Altonaer Balkon** 3 genießt man hoch über der Elbe einen großartigen Weitblick übers Elbtal, aus dem Hafengebiet ragt die elegant geschwungene **Köhlbrandbrücke** wie ein Wahrzeichen heraus, unten am Elbufer zieht die ungewöhnliche Parallelogrammform des Bürohauses **Dockland** den Blick auf sich. Die **Christianskirche** 4 von 1738 ist eine typisch norddeutsche Barockkirche, schlicht und aus Backstein. Sie heißt auch »Klopstockkirche«. Der 1803 gestorbene Dichter liegt im Kirchhof unter einer Linde begraben. An dörfliche Zeiten erinnert die Tapasbar **Ribatejo** (Bahrenfelder Straße 56, Mo–Fr ab 8.30, Sa ab 10, So ab 12 Uhr, €€), die leckeren Häppchen werden in einer alten Schmiede serviert.

MAL PAUSE MACHEN

Wenige Schritte östlich des Aussichtspunkts lädt die Wiese um den kleinen Biergarten Altonas Balkon zum Sonnenbaden ein.
- Palmaille 41
  Di–So 12–18 Uhr

Ottensens traditionelles Zentrum ist der **Spritzenplatz** 5, der Platz hat viel urbanes Flair, vor allem wenn Wochenmarkt (Di 8–13, Fr 8–18.30 Uhr) ist. Mit oder ohne Markttrubel kann man entspannt vor dem Restaurant **Kypros** (s. Restaurants, S. 136) in der Sonne sitzen und griechische Küche genießen.

Seit 1867 ist Ottensen Stadtteil von Altona, im 19. Jh. entstanden Fabriken und enge Arbeiterquartiere auf Hinterhöfen. Zum

Szenestadtteil entwickelte es sich, als in den 1980er-Jahren viele Höfe entkernt, Fabriken abgerissen oder umgewidmet und die Mietshäuser renoviert wurden. Die **Ottensener Hauptstraße** prunkt mit Gründerzeitfassaden, auf den Hinterhöfen stehen oft Werkstätten (z.B. Nr. 39a). Die Hauptstraße ist eine Bummelmeile mit netten Cafés und Spezialläden wie **Kochkunst** (Nr. 41).

Für Abkühlung im Sommer stehen die Menschen Schlange vor der **Eisliebe** (Bei der Reitbahn 2, März–Okt. tgl. 12–21 Uhr). Man schleckt das Eis vor dem Laden oder auf dem **Kemal-Altun-Platz** 6. Auf der Grünfläche stand bis in die 1970er-Jahre das Werk 1 der Maschinenfabrik Menck & Hambrock. Ihr **Seilbagger** vom Typ M 152 dekoriert die Nordecke des Areals (Am Born/Nöltingstraße) und funktioniert noch. Die Werkshallen der Schiffspropellerfabrik Theodor Zeise, die 1979 in Konkurs ging, bestehen weiter als **Zeisehallen** 7, sie beherbergen Medienunternehmen, Galerien und das **Zeisekino,** außerdem das Restaurant **Eisenstein** (€€).

Restaurant Eisenstein

Im **Bonscheladen** 8 (s. Shopping, S. 140) schaut man zu, wie die Bonbons hergestellt werden. Das Veranstaltungszentrum **Fabrik** 9 prägt schon seit 1971 das Kulturleben im Stadtteil. Ein alter Kran weist den Weg. Erstaunlich ruhig geht es dagegen im gerade sanierten Viertel um die **Osterkirche** zu. Typische frühe Mietshäuser aus den 1860er-Jahren sind die »Sahlhäuser« mit drei Haustüren. Wer Hunger verspürt, kann sich auf dem Weg zur S-Bahn im **Mercado** stärken: Auf dem Markt im Erdgeschoss kann man Spezialitäten schlemmen (€).

Touren im Anschluss: 13, 29

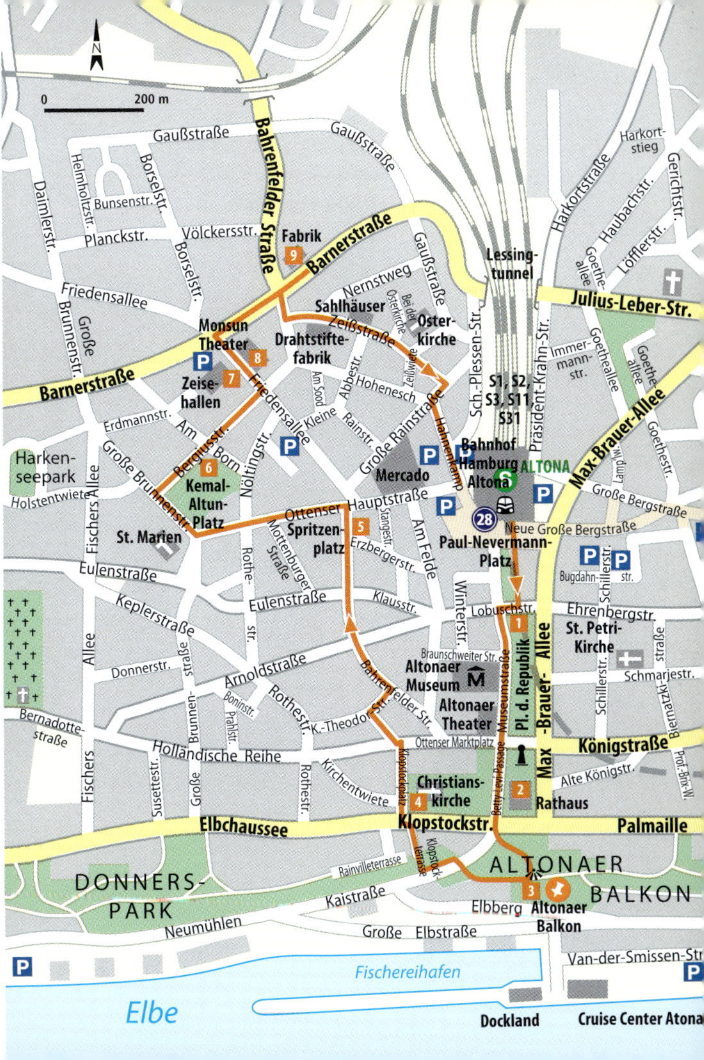
N
0
200 m
Gaußstraße
Bahrenfelder Straße
Gaußstraße
Harkort-stieg
Helmholtzstr.
Borselstr.
Daimlerstr.
Bunsenstr.
Harkortstraße
Gerichtstr.
Haubachstr.
Planckstr.
Völckersstr.
Fabrik
9
Barnerstraße
Gaußstraße
Lessing-tunnel
Goethe-allee
Löfflerstr.
Borselstr.
Friedensallee
Nernstweg
Julius-Leber-Str.
Brunnenstr.
Große
Sahlhäuser
Bei der Osterkirche
Oster-kirche
Monsun Theater
Zeißstraße
Drahtstifte-fabrik
8
Zeißwiete
Sch.-Plessen-Str.
Präsident-Krahn-Str.
Immer-mann-str.
Goetheallee
Goethe-allee
Barnerstraße
Zeise-hallen
7
Friedensallee
Am Sood
Abbestr.
Hohenesch
S1, S2, S3, S11, S31
Max-Brauer-Allee
Erdmannstr.
Am
Kleine
Rainstr.
Große Rainstraße
Hahnenkamp
Goethestr.
Bergiusstr.
Born
Nöltingstr.
Bahnhof Hamburg Altona
ALTONA
Harken-seepark
Große Brunnenstr.
6
Mercado
Lamp'lw.
Große Bergstraße
Holstentwiete
Fischers Allee
Kemal-Altun-Platz
Ottenser Hauptstraße
28
Neue Große Bergstraße
St. Marien
Spritzen-platz
5
Stangestr.
Am Felde
Paul-Nevermann-Platz
Mottenburger Straße
Rothe-str.
Erzbergerstr.
Bugdahn-str.
Schillerstr.
Eulenstraße
Eulenstraße
Klausstr.
Winterstr.
Lobuschstr.
Ehrenbergstr.
Keplerstraße
1
St. Petri-Kirche
Braunschweiter Str.
Pl. d. Republik
Allee
Donnerstr.
Arnoldstraße
Altonaer Museum
Museumstraße
Schillerstr.
Schmarjestr.
Bahrenfelder Str.
Bernatzki-straße
Max-Brauer-
Rothestr.
Boninstr.
Prahlstr.
Brunnen-straße
Altonaer Theater
Bernadotte-straße
K.-Theodor-Str.
Ottenser Marktplatz
Königstraße
Holländische Reihe
Klopstockplatz
Prof.-Brix-W.
Alte Königstr.
Kirchentwiete
Christians-kirche
2
Fischers
Susettestr.
Große
Rothestr.
4
Rathaus
Betty-Levi-Passage
Elbchaussee
Klopstockstr.
Palmaille
Klopstock-terrasse
ALTONAER
Rainvilleterrasse
DONNERS-PARK
3
BALKON
Kaistraße
Elbberg
Altonaer Balkon
Neumühlen
Große Elbstraße
Van-der-Smissen-Str
Fischereihafen
Elbe
Dockland
Cruise Center Atona

Tour 29

Gartenkunst seit Caspar Voght

Teufelsbrück › Kaisertor › Villa Reemtsma › Jenisch-Haus › Ernst Barlach Haus › Landhaus Voght › Instenhäuser › Derby-Park Klein Flottbek › Botanischer Garten › Loki-Schmidt-Haus

Start: Teufelsbrück (Bus 36, 39, 286, HADAG-Fähre 64)
Ziel: Ⓢ Klein Flottbek (S1, 11)
Wann: am besten bei schönem Wetter, sonst längerer Besuch in den Museen
Distanz: 5 km

Im Jenischpark ahnt man die Hingabe, mit der Caspar Voght im 18. Jh. sein landwirtschaftliches Hobby betrieb. Für Abwechslung auf dem Spaziergang sorgen spätere Highlights auf dem riesigen Anwesen wie das Jenisch- und Barlach-Haus, die Villa Reemtsma und der Botanische Garten.

Anleger Teufelsbrück

Ausnahmsweise liegt die Rast hier am Anfang: Auf dem **Anleger Teufelsbrück** 1 ist das **Restaurant Engel** (€–€€) mit dem Ausblick auf Elbe und die großen Schiffe ein Muss. In den **Hafen von Teufelsbrück** 2 mündet das Flüsschen **Flottbek,** einer der wenigen Bäche, die vom hohen Nordufer der Elbe abkommen. Dieser reizende Taleinschnitt gab bei dem reichen Kaufmannssohn Caspar Voght in den 1780er-Jahren wohl den Ausschlag, Grundbesitz zu erwerben. Auf seinen Reisen hatte er in England die *ornamented farm* kennengelernt, also wissenschaftlich fundierten Landbau, der gleichzeitig das Auge erfreut. Vier große Areale umfasste Voghts Mustergut: in der Mitte das Flottbektal – der heutige **Jenischpark** –, dazu je ein Park im Westen, Norden und Osten. Geländepfade und Rundwege um die Teilparks herum dienten der Naturbetrachtung aus wechselnden Perspektiven. Nördlich des **Pförtnerhauses** und des neobarocken **Kaisertors** 3, das 1906 zu Ehren Kaiser Wilhelms II. entstand, wandert man auf einem Rundweg entlang. Bald kann man auf ein Stück des ehemaligen **Osterparks** überwechseln, das sich im kleinen **Reemtsmapark** noch erhalten hat. Hier blickt man auf die **Villa Reemtsma** 4 des Hamburger Zigarettenmagnaten, sie ist ein Paradebeispiel des Neuen Bauens der 1930er-Jahre von Martin Elsässer.

Betritt man den Jenischpark am einstigen Haupttor, neben einem heute privat bewohnten **Pförtnerhäuschen,** wird der Eindruck der *ornamented farm* deutlich: der Wechsel von Wiesen, Wäldchen und Flusstal. Das »Parkpflegewerk« bemüht sich seit den 1980er-Jahren, den früheren Landschaftscharakter sichtbar zu machen. Dies im **Naturschutzgebiet Flottbektal** zu verwirklichen ist schwierig. Voght verkaufte sein Gut 1828 an den Senator Martin Johann Jenisch. Der neue Besitzer baute sich an exponierter Stelle eine weiß-golden schimmernde klassizistische Villa, heute das **Jenisch-Haus** 5, ein Museum für großbürgerliche Wohnkultur (Di–So 11–18 Uhr). Großartig ist der **Ausblick** auf den Park, das Elbtal und die Harburger Berge. Jenisch fügte nördlich seiner Villa einen *pleasure garden* hinzu, mit Pergolen, Gewächshäusern und exotischen Bäumen, die heute noch gedeihen.

MAL PAUSE MACHEN

Wo einst Senator Jenisch Billard spielte, verführt heute das stilvolle **Museumscafé im Jenisch-Haus** zu exquisiten Kleinigkeiten aus dem Hotel Louis C. Jacob.
- Di–Fr 12–18, Sa, So 11–18 Uhr

Im Norden des Jenischparks erwirkte Hermann F. Reemtsma den Bau des **Ernst Barlach Hauses** 6, das seit 1962 die eindrucksvolle Barlach-Sammlung des Mäzens zeigt (Di–So 11 bis 18 Uhr). Im Jahr 1934 bestellte er den **Fries der Lauschenden** beim von den Nazis verfemten Künstler und erwarb auch zahlreiche weitere Werke von ihm. Das Museum veranstaltet interessante Kunstausstellungen. Hie und da verblieben in dem heute von vielen Einzelvillen bebauten Viertel Klein Flottbek Gebäude aus der Voght'schen Zeit, so das schlichte weiße **Landhaus Voght** 7 und die Zeile reetgedeckter **Instenhäuser** 8 für Landarbeiter. In Voghts **Westerpark** pflanzte man im Süden wieder Obstbäume; den Norden nimmt der **Derby-Park Klein Flottbek** 9 ein. Der Weg an seiner Westseite ist nach dem Hamburger Reiter Eduard Pulvermann benannt, auf ihn geht der Parcours des Deutschen Springderbys zurück, dazu gehört auch das schwierige Hindernis »Pulvermanns Grab«, ein Wassergraben mit jeweils einem Rick vorne und hinten.

Nördlich der bereits 1867 erschlossenen Bahnlinie lag der **Norderpark** des Caspar Voght. Rund 25 ha davon nimmt seit den 1970er-Jahren der neue **Botanische Garten (Loki-Schmidt-Garten)** 10 (9 Uhr bis ca. 1,5 Std. vor Sonnenuntergang) mit dem Botanischen Institut der Universität ein. Nicht-Botaniker können sich auf einem **Rundweg** von der Schönheit und Vielfalt des Pflanzenreichs beeindrucken lassen. Nahe den Institutsgebäuden leuchtet blau das **Loki-Schmidt-Haus** 11, ein aufschlussreiches **Museum für Nutzpflanzen.**

Wüstengarten

Touren im Anschluss: 28, 30

Hemmingstedter
Weg
Baron-Voght-Straße
Espellohw.
Dornstücken
Wisplerstr.
GROSS FLOTTBEK
Sohrhof
Langkamp
BOTANISCHER GARTEN
10
LOKI-SCHMIDT-GARTEN
An der Flottbek
Baron-Voght-Straße
Schoenaich-Carolath-Str.
Müllenhoffw.
Müllenhoffw.
Nordquistw.
Heinrich-Plett-Str.
Rilkeweg
Stockkamp
Loki-Schmidt-Haus, Museum für Nutzpflanzen
11
Winselohw.
Hölderlinstraße
Papenkamp
Waitzstraße
Hesten
Papenkamp
Onckenstr.
Ordinger W.
KLEIN FLOTTBEK
S1, S11
Ohnhorststraße
Otto-Ernst-Straße
Am Klein Flottbeker Bahnhof
Wilhelmistr.
Jürgensallee
Jürgensallee
Ohnsorgw.
Derby Park
9
Kanzleistr.
Karl-Jacob-Str.
Am Westerpark
Marxsenw.
Kuchelw.
Büngerw.
OTHMARSCHEN
Landhaus Voght
7
Golfplatz
WESTERPARK
Hochrad
8
KLEIN FLOTTBEK
Instenhäuser
6
Ernst Barlach Haus
Hochrad
Appuhnstr.
Quellental
5
Jenisch Haus
Villa Reemtsma
4
JENISCHPARK
Holzwiete
REEMTSMA-PARK
Nettelhof
WESSEL-HÖFTPARK
Baron-Voght-Straße
Chr.-F.-Hansen-Str.
Lünkenberg
Flottbek
Buchenhof
Elbchaussee
Kaisertor
2
Hafen von Teufelsbrück
Elbchaussee
3
N
Anleger Teufelsbrück
1
29
Hans-Leip-Ufer
Elbe
0
200 m

Tour 30

Blankenese – unterwegs im Treppenviertel

Bahnhof Blankenese › Baurs Park › Kanonenberg › Bremers Weg › Strandweg › Blankeneser Bulln › Elbterrasse › Süllbergsterrasse › Süllberg

Start: Ⓢ Blankenese (S1, 11)
Ziel: Waseberg (Bus 48)
Wann: bei klarem Wetter tagsüber, am Strandweg, auf dem Bulln und dem Süllberg auch abends
Distanz: 4 km

Große Parks, gewundene Wege entlang steiler Hänge, kleine Katen und prächtige Villen, dazu zahlreiche atemberaubende Ausblicke und unzählige Treppen – Blankenese ist zwar nicht der reichste Hamburger Stadtteil, aber besonders im Treppenviertel sicherlich der schönste.

Schon 1867 konnte man vom **Bahnhof Blankenese** 1 nach Hamburg fahren. Aus dem verschlafenen Fischerdorf Blankenese wurde rasch ein beliebter Wohnort wohlhabender Hamburger. Das Stationsgebäude stammt noch aus jener Zeit.

Viele Geschäfte und Cafés beleben die Blankeneser Bahnhofstraße, hinter der **Kreuzung** von **Elbchaussee** und **Mühlenberger Weg** 2 wird es ruhig. Westlich der Straße zieht sich **Baurs Park** hin. Den neoklassizistischen **Katharinenhof** 3 (Nr. 33–35) ließ Kaufmann Georg Friedrich Baur 1829–36 in seinem ursprünglich 11 ha großen Park als Landhaus errichten. Der denkmalgeschützte Bau steht leer, ein Tagungszentrum ist darin geplant. Vom **Kanonenberg** 4 wurde einst Schiffen salutiert. Der Blick von hier auf das 40 m niedrigere Elbtal schweift über die unzähligen Obstbäume im **Alten Land,** das Naturschutzgebiet **Mühlenberger Loch** – ein Teil der hier gut 2 km breiten Elbe – und die riesigen **Werkshallen von Airbus**.

An der **Blankeneser Hauptstraße** 5 sind die »Bergziegen« (Schnellbusse Linie 48) nicht zu übersehen. Nur diese Kleinbusse vermögen die steilen und engen Gassen in Blankenese zu passieren. Wo es richtig abschüssig wird, helfen 58 Treppen mit amtlich gezählten 4864 Stufen. So erreicht man im **Treppenviertel** 12 auch die kleinsten Häuschen in ihren bunten Gärten. In einem winzigen **Twe-Hus** wie am **Bremers Weg** 6 (Nr. 1 und 5a) wohnten früher je zwei (twe) Fischerfamilien auf engstem Raum, die Leute waren arm.

Von hohen Büschen beschattet ist die **Strandtreppe** zum **Strandweg.** In dieser uferparallelen Straße zeigen viele Stellen, z.B. die Garage von **Nr. 19, Sturmflutmarken** 7 an, denn hier im niedrigen Elbtal kann einem schon mal das Wasser bis zum Hals reichen. Der Fähr-Anleger **Blankeneser Bulln** 8 6 kennt kein »Land unter«, er senkt und hebt sich mit Ebbe und Flut. Dort im **Fischclub** (tgl. 11–23 Uhr, €€) oder im gemütlichen Imbiss **Ponton op'n Bulln** (tgl. ab 10 Uhr, €) sitzt man direkt am Wasser. Am stimmungsvollsten ist es am Abend, z.B. bei Bier oder Scholle »Finkenwerder Art«, wenn die Leuchttürme blinken und ein großes Containerschiff fast lautlos vorbeizieht.

MAL PAUSE MACHEN

In **Schuldt's Kaffeegarten** genießt man selbst gebackenen Kuchen und frisch gebrühten Kaffee; dazu gratis: der Blick auf die Elbe und die steilen Hänge von Blankenese.
• Süllbergsterrasse 30 Mai–Okt. Di–So 14–20, Sa, So 13–20, sonst Fr–So 13–18 Uhr

Das **Twe-Hus** an der **Elbterrasse 6** 9 stammt von 1698 und ist das älteste Gebäude in Blankenese. Die vielfach gewundene **Süllbergsterrasse,** an der sich bekannte Hamburger wie Jan Philipp Reemtsma, Otto Waalkes oder Heinz Haber niederließen, bewohnte in **Nr. 37** 10 auch lange der in Hamburg geborene und aufgewachsene Maler und Schriftsteller **Hans Leip.** Sein Gedicht »Lili Marleen«, von Lale Andersen als Soldatenlied gesungen, wurde ein Welthit.

Nach einem letzten steilen Anstieg der Straße ist man auf dem 76 m hohen **Süllberg** 11. Der Gipfel beherbergt ein Fünf-Sterne-Hotel und mehrere Restaurants. Am berühmtesten ist das **Seven Seas** (Mi–So, s. Restaurants, S. 138), in dem Sternekoch Karlheinz Hauser klassische französische Küche zelebriert, serviert im noblen Ambiente mit traumhaftem Elbblick.

Auf dem Süllberg

Im **Deck 7** (€€) speist man qualitätvoll zu günstigeren Preisen, im Sommer auch auf der Terrasse; beliebt ist das Sonntagsfrühstück bis 15 Uhr. Den **Biergarten** (€–€€) mit Selbstbedienung können ungeniert auch Radler auf Durchfahrt betreten und dort u. a. einen »Süllburger« verspeisen.

Krönender Abschluss für Sportliche: 99 Stufen führen auf die Aussichtsplattform des **Turms.** Den Schlüssel bekommt man an der Hotelrezeption.

Tour im Anschluss: 29

Blankeneser Landstraße
Dockenhudener Straße
BLANKENESE
S1, S11
30
Erik-Blumenfeld-Platz
Kösterbergstraße
Krankenhaus Tabea
0
200 m
N
SCHINCKELS PARK
GOSSLERS PARK
HESSE-PARK
BAURS PARK
Richard-Dehmel-Straße
Hardenbergstr.
Karstenstraße
Wilhelms Allee
Goßlerstr.
Sülldorfer Kirchenw.
Witts Park
Witts Allee
Am Klingenberg
Hasenhöhe
Avenariusstraße
Simrockstr.
Oesterleystraße
Waseberg
Falkentaler Weg
Bismarckstein
Krumdals Weg
Am Eiland
Wilmans Park
Sörensenw.
Kahlkamp
Sibbertstr.
F.-Legahn-Str.
Bahnhofstr.
Godeffroystraße
Dormien-str.
Mommsen-str.
Bulcke-str.
Markt-platz
Oesterleystr.
Ole Hoop
Mühlenberger W.
Hessepark
A.-Baur-Str.
Elbchaussee
Gätgensstr.
Pepers Diek
Am Kiekeberg
Blankeneser Hauptstr.
Blankeneser Hauptstraße
Süllbergs-terrasse
Süllberg
Möhlmannw.
H.-Lange-Str.
Schlage-mihls Treppe
Krögers Treppe
Mittel-treppe
Op'n Kamp
Steiler W.
Flashoffs Treppe
Beckers Treppe
Hoher Weg
Twe-Hus
Katharinenhof
Mühlenberger Weg
Baurs Park
Breckwoldtstr.
Baurs Weg
Am Hang
Strandtreppe
Osterw.
Grube
Krumdal
Rutsch
Stehrs Treppe
Strandweg
Haus Hans Leip
Elbterrasse
Süllbergstreppe
Möllers Treppe
Sturmflut-marke
Strandw.
Bulln
Elbe
Segel-Club
Oberfeuer Blankenese
Kanonenberg
1
2
3
4
5
6
7
8
9
10
11
12

Restaurant im East Hotel

Hamburgs Hotelbauboom ist ungebrochen und die Hotellandschaft wird alljährlich noch bunter. Schnäppchen, die oft Übernachtung und Bahnanreise umfassen, sind saisonale Kurzreisen der Hamburg Tourismus GmbH (www.hamburg-tourism.de) zu besonderen Anlässen wie Hafengeburtstag oder Weihnachtsmarktzeit.

25hours HafenCity (Ⓤ Überseequartier)
Überseeallee 5, HafenCity, Tel. 2 57 77 70,
www.25hours-hotels.com/de/hafencity/home/home.html, €
Originell spielt das erste Hotel in der HafenCity das maritime Thema durch: »Seemannsheim« in schickem Design – mit »Hafensauna« oder »Kojen«. Das moderne Publikum schätzt auch das unkomplizierte Restaurant »Heimat«, die Chill-Ecken und Leihfahrräder.

Alsterblick **(Mundsburger Brücke, Bus 6, 37)**
Schwanenwik 30, Uhlenhorst, Tel. 22 94 89 89,
www.hotel-alsterblick.de, €€
Das gründerzeitliche Bürgerhaus hat 35 Zimmer zum ruhigen Garten oder zur belebteren Außenalster, mit einer Bandbreite vom Minieinzelzimmer bis zur Suite mit Wintergarten. Die perfekte Joggingstrecke liegt vor der Haustür, das Literaturhaus gleich in der Nähe und mit dem Bus sind es nur sieben Minuten zum Hauptbahnhof.

East Hotel **(Ⓤ St. Pauli)**
Simon-von-Utrecht-Straße 31, Tel. 30 99 30,
www.east-hotel.de, €€–€€€
Was man aus einer alten Eisengießerei zaubern kann! Der behäbige Backsteinbau in St. Pauli erhielt ein aufregendes Interieur für seine Restaurants und Bars; die Hotelzimmer in drei Kategorien sind wahre Designobjekte; in einigen kann man sich auf Wasserbetten entspannen. Eine Wohlfühloase ist das Wellnesszentrum mit Ausgang zum Dachgarten.

Generator Hostel Hamburg **(Ⓢ/Ⓤ Hauptbahnhof)**
Steintorplatz 3, St. Georg, Tel. 2 26 35 84 60,
www.generatorhostels.com/de/hamburg, €
Das backsteinerne Klockmann-Haus am Hauptbahnhof ist jetzt Heimstatt für Touristen mit schmalem Geldbeutel. Es schlägt mit Sonderpreisen sogar noch die Jugendherberge. Da muss man sich aber mit einem Unisex-Achtbettenschlafsaal zufriedengeben. Preiswerte Restaurants gibt's um die Ecke in St. Georg.

Louis C. Jacob **(Nienstedten)**
Elbchaussee 401–403, Tel. 82 25 50, www.hotel-jacob.de, €€€
Der Fernwehblick vom hohen Elbufer auf die vorüberziehenden Schiffe hat nicht nur Maler Max Liebermann fasziniert. Man ge-

nießt ihn beim Frühstück von der berühmten lindenbestandenen Terrasse. Die Einrichtung ist gediegen, der Service perfekt, die Küche mit 2-Sterne-Koch Thomas Martin ist eine der feinsten der Stadt.

Onyx, Arcotel **(Ⓤ St. Pauli)**
Reeperbahn 1, Tel. 2 09 40 90, www.arcotelhotels.com/de/onyx_hotel_hamburg, €€–€€€
Dekorative Bereicherung für den schrägen Kiez: Der schwarze »Edelstein« gleich neben den Tanzenden Türmen am Anfang der Reeperbahn hat 215 Zimmer mit witzigen Details. Auch wenn das Nachtleben bis in den Morgen dauert, kann man dank der prima isolierten kreisrunden Fenster friedlich schlummern.

Scandic Hamburg Emporio **(Ⓤ Gänsemarkt)**
Dammtorwall 19, Neustadt, Tel. 43 21 18 70, www.emporio-hamburg.de/scandic-hamburg-emporio, €€

Die skandinavische Kette macht Ernst mit Nachhaltigkeit: Das helle siebenstöckige Haus gleich hinter der Laeiszhalle besteht überwiegend aus wiederverwertbaren Materialien – in ruhigem nordischen Design. Aufbereitetes Trinkwasser gibt es aus Scandic-Glasflaschen, nur Fairtradekaffee kommt auf den Tisch. Auch Kinder fühlen sich hier richtig wohl.

Schanzenstern (Ⓢ/Ⓤ Sternschanze)
Bartelsstraße 12, Tel. 4 39 84 41,
www.schanzenstern.de, €
Mitten im Schanzenviertel gelegen, tituliert sich das 19-Zimmer-Hotel »Übernachtungshaus«: Hier ist Luxus gar nicht gewollt, man wohnt in einem früheren Werkhaus der Montblanc-Füllfederhalterfabrik. Das Vollwertfrühstück gibt es im kleinen Erdgeschossrestaurant oder im Sommer im stillen Gartencafé.

SIDE (Ⓤ Gänsemarkt)
Drehbahn 49, Neustadt, Tel. 30 99 90,
www.side-hamburg.de, €€–€€€
Der äußerlich eher unauffällige Bau in einer Seitenstraße nahe der Oper entfaltet im Innern seine ganze Schönheit. Architekt Jan Störmer aus Hamburg plante das achtstöckige Atriumhaus mit 178 Zimmern, für Farbe und Form der Ausstattung sorgte der italienische Designer Matteo Thun, und der Amerikaner Robert Wilson setzte mit Lichteffekten noch das I-Tüpfelchen auf.

Superbude St. Georg (Ⓢ/Ⓤ Berliner Tor, Ⓢ Hammerbrook)
Spaldingstraße 152, Tel. 3 80 87 80, www.superbude.de, €
Das Hostel ist ein junges, spritziges Designhotel. Viele Gags bringen die Gäste zum Schmunzeln, wie Gummiplümper an der Wand, an deren Stielen man seine Kleider aufhängt, Mausefallen, die Notizen festhalten oder Polstermöbel, die mit gebrauchtem Jeansstoff bezogen sind. Alles ist hier patent und wohldurchdacht.

Im Blockbräu

Das internationale Hamburg hat für sein Publikum aus aller Welt eine schier endlose Bandbreite an Restaurants. Es gibt ein knappes Dutzend Sterne-Köche, aber das besondere Etwas beim Essengehen kann auch das ganz Einfache sein. Schöne alte Häuser wurden in letzter Zeit zu attraktiven Restaurants umgestaltet und verbreiten ihre ganz eigene Atmosphäre.

Blockbräu (St. Pauli, Tour 9, S. 44)
Bei den St. Pauli Landungsbrücken 3a, Tel. 44 40 50 00, www.block-braeu.de; Mo–So 11–24 Uhr, €
Ein tolles Hafenpanorama, dazu Dirndlkleider und Brezeln, kann das zusammengehen? Im Landungsbrücken-Empfangsgebäude scheint genau das zu passen. Der Hunger wird bestens gestillt mit guten Portionen eines überschaubaren Menüangebots, dazu gibt es das selbstgebraute Bier des Hauses. Sehr schön, wenn's nicht stürmt: die Hafenterrasse mit Strandkörben.

Bullerei **(Schanzenviertel, Tour 10, S. 48)**
Lagerstraße 34b, Tel. 33 44 21 10, www.bullerei.com;
Deli ab 11 Uhr, Restaurant ab 18 Uhr, €€–€€€
Gut essen gehen, wo einst Schlachtvieh sein letztes Stündlein erwartete: Fernsehkoch Tim Mälzer ließ in seiner »Bullerei« viel rohe Wand stehen, aber der Kontrast ist gewollt, denn fein sind die Gerichte, z. B. Backe vom Weideochsen in Rotwein mit Artischockenpüree. Unkompliziert ist tagsüber das »Deli«, im Sommer ist es draußen am schönsten.

Cornelia Poletto **(Eppendorf, Tour 17, S. 76)**
Eppendorfer Landstraße 80, Tel 4 80 21 59,
www.cornelia-poletto.de; Mo–Sa 11–23 Uhr, €€
Cornalia Poletto kombiniert ihr feines italienisches Restaurant mit der »Gastronomia«, wo sie allerbeste Zutaten verkauft, getreu ihrer Devise: Für gute Gerichte braucht man hervorragende Produkte. Ein paar Schritte entfernt, in der Goethestraße 7, erlebt man die Chefin bei Kochschulungen live.

Deichgraf **(Altstadt, Tour 1, S. 12)**
Deichstraße 23, Tel. 36 42 08,
www.deichgraf-hamburg.de;
Mo–Fr 11–15, 17.30–22, Sa 17–22 Uhr, €€
In der Küche in dem historischen Haus in der Deichstraße kommen fast vergessene Erzeugnisse zum Einsatz wie Butterkohl, Steckrüben, Pastinaken oder Topinambur. Der Koch bezieht sie direkt von einem Biogemüsehof im Alten Land.

Die Mühle (Wohldorf, Tour 20, S. 88)
Mühlenredder 38, Tel. 6 07 66 50,
www.die-muehle-hamburg.de; Mi–So ab 12 Uhr, €–€€
In der alten Schankwirtschaft nahe dem Flüsschen Ammersbek vertrieben sich einst die Bauern die Zeit, bis ihr Korn gemahlen war. In diesem unverfälschen Ambiente genießt man heute gute Landküche, vom Rehragout über Oldenburger Entenbraten bis hin zum Karpfen blau, der Nachtisch ist exotischer.

Fischereihafen Restaurant (Altona, Tour 13, S. 60)
Große Elbstraße 143, Tel. 38 18 16, www.fischereihafen restaurant.de; 11.30–22, Fr, Sa bis 22.30 Uhr, €€
Hamburgs Top-Adresse in Sachen Fischgerichte. Das unauffällige Haus gleich hinter dem Fischgroßmarkt pflegt hamburgisches Understatement, die Qualität der Speisen ist weithin gerühmt, dazu gibt es mehrere prächtige Fensterplätze mit Blick auf den Hafen. Reservierung ist dringend empfohlen!

Kypros (Ottensen, Tour 28, S. 117)
Spritzenplatz 18, Tel. 3 90 33 50,
www.restaurant-kypros-altona.de;
Mo–Fr 16–24, Sa, So 12–24 Uhr, €
Das immer gut gelaunte und aufmerksame Team um *Akis Telioridis* bietet gute griechische Hausmannskost. Sehr lecker sind die warmen Vorspeisen und die nach Saison wechselnden Fischgerichte. Sobald es nur ein bisschen warm ist, sitzt man drau-

ßen auf dem Spritzenplatz und genießt die entspannte Stimmung Ottensens.

Konditorei Lindtner (Eppendorf, Tour 18, S. 79)
Eppendorfer Landstraße 88, Tel. 4 80 60 00,
www.konditorei-lindtner.de;
Mo–Sa 9–19, So 10–18 Uhr, €

»Konditern gehen« nennt man in Hamburg dieses Sich-verführen-lassen durch die herrlichsten Kreationen des immer rarer werdenden Handwerks der Konditorkunst. An einer Straßenecke mitten in Eppendorf kann man sich in diesem nostalgischen Kaffeehaus dem Augen- und Gaumenschmaus voll hingeben, im Sommer auch draußen im Vorgarten.

Literaturhauscafé (Uhlenhorst, Tour 14, S. 63)
Schwanenwik 38, Tel. 2 20 13 00, www.literaturhauscafe.de;
Di–Fr 9–22, Sa 10–22, So 10–18 Uhr, €–€€

Ob im denkmalgeschützen Gartensaal, in der Beletage mit Alsterblick oder einfach nur an der Bar neben der gut bestückten Buchhandlung Samtleben – hier wird die Welt der Literatur wunderbar ergänzt durch gediegene norddeutsche Küche. Eine Kaffeepause dehnt sich wie von selbst aus bei Lektüre oder Gesprächen.

Nau (Neustadt, Tour 9, S. 43)
Ditmar-Koel-Straße 13, Tel. 31 78 48 50, www.nau-hh.de;
15.30–24 Uhr, €–€€

Die Auswahl auf der Speisekarte ist überschaubar, doch vielleicht liegt in dieser Konzentration das Geheimnis, dass die moderne portugiesische Kochkunst des Nau hoch gelobt wird. Fado-Abende, Weindegustationen und interessante Kunstausstellungen bereichern den kulinarischen Genuss in diesem Restaurant.

Schwerelos (Harburg, Tour 25, S. 107)
Harburger Schloßstraße 22, Tel. 89 72 13 10, www.rollercoaster-hamburg.de; Di–Do 16–23, Fr–So 11.30–23 Uhr, €€
Irgendwoher von oben aus der riesigen alte Speicherhalle winden sich glänzende Doppelschienen zu den Gästen hinunter, nicht nur zur Dekoration: An ihnen gleiten die per Touchscreen am Tisch bestellten Speisen im Töpfchen – Riesenauswahl von Bollywood-Curry bis Ofenkartoffel oder Geschnetzeltes – und Getränke in einer sicheren Halterung punktgenau an den Tisch.

Seven Seas (Blankenese, Tour 30, S. 128)
Süllbergsterrasse 12, Tel. 8 66 25 20, www.suellberg-hamburg. de; Mi–So 18.30–23, So, Fei auch 11.30–15 Uhr, €€€

Ein Gesamtkunstwerk aus feiner Tischkultur, Weitblick auf die Elbe, stilvollem Interieur und vor allem der meisterhaften Kochkunst des mit zwei Michelin-Sternen dekorierten Karlheinz Hauser erwartet den Gast auf dem Süllberg in Blankenese. Die klassisch französisch geprägte Küche kann man im Sommer auch auf der Gourmetterrasse erleben.

Slowman (Altstadt, Tour 6, S. 32)
Burchardstraße 13 c, Tel. 33 75 61, www.slowman.de;
Mo–Fr 12–17 und ab 18, Sa ab 18 Uhr, €–€€

Genial gewählt ist der Standort: In der Spitze des berühmten Chilehauses verfolgt Sterne- und Fernsehkoch Christian Rach ein vorbildliches soziales und ökologisches Konzept. Hier bekommen junge Leute den Kick für Teamwork und Qualität im Zubereiten von Speisen und im Service. Die Mittagsmenüs sind kleine, oft asiatisch angehauchte Kunstwerke – und preiswert.

Wasserschloss (Speicherstadt, Tour 7, S. 34)
Dienerreihe 4, Tel. 5 58 98 26 40, www.wasserschloss.de;
10–22 Uhr, €€

Ein wundervoller Ort ist das dekorative Häuschen mitten in der Speicherstadt, hier mag man sich nach langem Pflastertreten bei kleinen Gerichten und vor allem köstlichen Tees niederlassen – dies ist ein alteingesessenes Teehandelskontor.

Wasserwerk Wilhelmsburg (Wilhelmsburg, Tour 24, S. 104)
Kurdamm 24, Tel. 75 06 22 03, www.restaurant-wasserwerk-wilhelmsburg.de; Di–Sa 12–14.30, 18—22 Uhr, €

Die großen Fenster im hundertjährigen Maschinenraum des Wasserwerks lassen den Blick frei über die 2013 neu gestaltete Gartenschau-Landschaft. Hierher passen die Gerichte mit frischen Zutaten aus der Region um Hamburg. Die Bar Schluck & Happen wartet mit einer enormen Auswahl an Flaschenwasser auf.

Bonbonherstellung im Bonscheladen

Die Shoppingstraßen und Passagen der City lassen kaum Wünsche unerfüllt, der sonntägliche Fischmarkt oder ein Bummel durch Eppendorf zeigen, dass die Stadt noch mehr zu bieten hat. Unter Hamburgs Geschäften sind einige echte Individualisten, die einfach Spaß machen. Andere haben verblüffende Angebote, die zu ungewöhnlichen Souvenirkäufen anregen.

Bonscheladen (Ottensen, Tour 28, S. 120)
Friedensallee 12, Tel. 41 54 75 67, www.bonscheladen.de;
Di–Fr 11–18.30, Sa 11–16 Uhr
Eingewickelte Süßigkeiten in Tüten gibt's überall zu kaufen, aber wie macht man eigentlich Bonbons? Die »Bonsche«-Herstellung ist kein Geheimnis, sondern eine bunte, spannende Vorführung (Di–Fr ab 16.15, Sa ab 14.30 Uhr). Im Laden gibt es außerdem eine fantastische Auswahl süßer Sachen.

Bücherstube Felix Jud **(Neustadt, Tour 3, S. 19)**
Neuer Wall 13, Tel. 34 34 09, www.felixjud.de;
Mo–Fr 10–18.30, Sa 10–16 Uhr
Der legendäre Gründer der wohl berühmtesten Hamburger Buchhandlung war als Gegner des Naziregimes bekannt dafür, verbotene Literatur unter dem Ladentisch zu verkaufen. Kunst und Literatur prägen heute das hervorragende Sortiment, das hoch spezialisierte Antiquariat bietet u.a. seltene historische Reiseberichte an.

HSV City Store **(Altstadt, Tour 1, S. 11)**
Schmiedestraße 2, www.hsv.de/shop;
Mo–Fr 10–19, Sa bis 16 Uhr

HSV oder FC St. Pauli ist für manche Hamburger ein Glaubensbekenntnis. Wer auf die schwarz-weiße Raute im blauen Feld steht, kann sich in der City gegenüber dem Domplatz bestens mit Schals, Stulpen, der Rothosen-Kollektion oder sonstigem Beiwerk eindecken.

Hummer Pedersen **(Altona Altstadt, Tour 13, S. 60)**
Große Elbstraße 152, Tel. 52 29 93 90,
www.hummer-pedersen.de; Mo–Fr 6–14, Sa bis 12 Uhr
Hummer Pedersens Delikatessen werden lebend aus vielen Teilen der Welt importiert, nicht selten per Flugzeug, sie gelangen immer ganz frisch an die Kunden. Schon seit 1889 bewahrt die Altonaer Firma die hochempfindlichen Krustentiere in Salzwasserbecken auf. Heute sind auch Langusten, Krebse, diverse Muschelarten und Edelfische in den temperierten Spezialbecken.

Hundertmark Westernstore **(St. Pauli, Tour 11, S. 52)**
Nobistor 8, Tel. 31 20 54, www.hundertmark.de;
Mo–Fr 9.30–20, Sa 10–24, So 10–18 Uhr

Vollgestopft mit Sachen, die in den 1950er-Jahren der letzte Schrei waren, wie Jeans, Sporenstiefel und Pistolengurte, ist der Laden heute noch; er liegt nur ein paar Schritte von der weltberühmten Reeperbahn entfernt. Passt aber irgendwie ins Nostalgieviertel, und er hat auch eine Menge Fanartikel vom FC St. Pauli und viel Souvenir-Schnickschnack im Angebot.

Koppel 66, **Haus für Kunst und Handwerk**
(St. Georg, Tour 5, S. 28)
Koppel 66, Tel. 38 64 19 30, www.koppel66.de;
GEDOK Di–Fr 13–18, Sa bis 16 Uhr, Café tgl. 10–23 Uhr, €
In der alten, dekorativ restaurierten Maschinenbauhalle haben mehr als ein Dutzend Künstler und Kunsthandwerker ihre Ateliers für Fotografie, Holzkunst, Schmuck, Kleidung, Schuhe, Hüte, sogar kunstvolle Seife. Auch die Künstlergemeinschaft GEDOK ist hier vertreten und ein wundervolles kleines Bio-Café.

Montblanc Boutique **(Neustadt, Tour 3, S. 19)**
Neuer Wall 18, Tel. 35 11 75, www.montblanc.com;
Mo–Fr 10.30–19, Sa 10.30–18 Uhr
Ein Montblanc-Füllfederhalter mit handgefertigter Goldfeder ist seit 1924 bis heute ein Statussymbol. Die Hamburger Traditionsfirma erweiterte ihre Kollektion über Schreibgeräte hinaus

mit Artikeln von zeitlosem Design für die anspruchsvolle internationale Businesswelt, so u.a. Lederwaren, Schmuck und Uhren. Der Flagship-Store am Neuen Wall ist ein Erlebnis.

Museumsladen im Freilichtmuseum Kiekeberg
(Rosengarten-Ehestorf, Tour 27, S. 112)
Am Kiekeberg 1, Rosengarten-Ehestorf, Tel. 79 01 76 21, www.kiekeberg-museum.de; Di–Fr 9–17, Sa, So 10–18 Uhr
Die über 100-jährige Ladenausstattung in schönstem Jugendstil konnte das Museum erst vor wenigen Jahren erwerben – der Shop selbst ist ein prächtiges Museumsstück. Aber die Ware ist frisch, z.B. wenn gerade Brot gebacken wurde. Der hausgebrannte Schnaps Haidmärker ist hier zu haben und tausenderlei Dinge aus Naturmaterialien sowie jede Menge nostalgisches Spielzeug.

Pappnase (Rotherbaum, Tour 15, S. 68)
Grindelallee 92, Tel. 44 97 39, www.pappnase.de; Mo–Mi 10–18.30, Do–Fr 10–19, Sa 10–16 Uhr
Was tun, wenn artistikbesessenen und theaterspielaffinen jungen Leuten die Requisiten fehlen? Selber machen! Aus diesem Grund heraus starteten die Macher bereits 1983 diesen fantastischen Laden, in dem man vom Jonglierball bis zur Clownsnase, von der Halloweenmaske bis zum magischen Zylinderhut alles bekommt, was im weitesten Sinne zur Zauberkunst und Artistik auf die Bühne gehört und zum Spielen gut ist.

Schokovida (Eppendorf, Tour 17, S. 75)
Hegestraße 33, Tel. 87 87 08 08, www.schokovida.de;
Mo–Fr 10–19, Sa 10–16 Uhr
Schön braun ist die Einrichtung des Souterrainlädchens – aus Teakholz, und was in den Regalen steht ist allerfeinste Schokolade. Vieles kommt aus eigener Herstellung und klingt fast so, als gäbe es in Hamburg Kakaobäume: »Fofftein« ist Trinkschokolade aus Schokospänen und die Bitterschokolade »Alsterblick« knabbert man am besten beim Segeln.

Rindermarkthalle (St. Pauli, Tour 10, S. 47)
Neuer Kamp 31, www.rindermarkthalle-stpauli.de;
Mo–Sa 10–20 Uhr

Die denkmalgeschützte Riesenhalle ist so geschickt aufgeteilt, dass man sich zunächst auf einem exquisiten, gut sortierten Wochenmarkt wähnt mit vielen Bioprodukten und ungewöhnlichen Sortimenten wie Fruchtgummi, Gewürzen, Nüssen oder Feinkost. Dazu gibt es ein Dutzend ungezwungene Cafés.

Shirtlab (Sternschanze, Tour 10, S. 46)
Marktstraße 16, Tel. 43 09 54 51, www.shirtlab.de;
Mo–Fr 10–19, Sa 10–17 Uhr
Auf solch simple Ideen für Motivprints muss man erstmal kommen: Es sind oft leicht verfremdete Alltagsmotive, die T-Shirts, Kapuzenpullis oder Jacken zieren, z. B. gelb-lila oder rosa-blaue Hamburger Hafenkräne, ein Barcode, aus dem Blumen wachsen, ein riesiges Windrad oder ein scheues Bambi. Echt Kult!

Stüdemanns Kaffee & Teeladen (Schanzenviertel, Tour 10, S. 48)

Schulterblatt 59, Tel. 4 30 06 30; Mo–Fr 9–19, Sa 9–17 Uhr

Kontrastprogramm zum Supermarkt – so wie hier gingen unsere Urgroßmütter Kaffee, Tee und Süßes einkaufen: Pfundweise werden die Bohnen gemahlen, das macht ordentlich Krach. Der Tee wird aufs Gramm genau abgewogen. Und hätten Sie sonst noch einen Wunsch?

Wäschehaus Möhring (Neustadt, Tour 3, S. 19)

Neuer Wall 25, Tel. 37 60 40, www.waeschehaus-moehring.de; Mo–Fr 10–19, Sa 10–18 Uhr

Über 200-jährige Tradition in feiner Weißwäsche – das verpflichtet. Aber das Geschäft hielt immer Schritt mit der Moderne, und so wirkt heute das Eckhaus an prominenter Stelle am Neuen Wall keineswegs verstaubt. Nur allerbeste Qualität für Textilien in Küche und Bad und die feinsten internationalen Marken für Bett- und Unterwäsche sind hier versammelt.

Wede (Neustadt, Tour 3, S. 20)

Große Bleichen 36 (Hanseviertel), Tel. 34 32 40, www.wede-buch.de; Mo–Sa 10–20 Uhr

Die ganze Welt der Flugzeuge, Schiffe, Autos und Eisenbahnen ist in dieser kleinen Buchhandlung im Hanseviertel zu Hause und beglückt Sammler und Technikbegeisterte. Bei den Bildbänden, Karten, Postern, besonders aber den Schiffs- und Flugzeugmodellen geraten sogar Experten ins Schwärmen.

Schmidts Tivoli

Musical, Theater, Kabarett, über die Reeperbahn bummeln oder von Bars in luftiger Höhe die Aussicht genießen? Hamburgs Nachtleben hat für jeden das Passende.

Abaton Kino und Bistro (Ⓢ Dammtor/Bus 5, Grindelhof)
Allende-Platz 3, Tel. 41 32 03 20, www.abaton.de,
Bistro Tel. 45 77 71; Mo–Fr. 9.30–1, Sa, So ab 12 Uhr

Hamburgs Programmkino Nr. 1 zeigt die meisten Uraufführungen, die neuesten Streifen oder ganz alte und oft ausländische Filme im Originalton. Das französische Bistro im selben Haus ist der geeignete Platz vor oder nach den Kinobesuch, gelegentlich trifft man hier auch die Akteure selbst.

Heaven's Bar (Ⓤ St. Pauli)
Reeperbahn 1 (Tanzende Türme), Tel. 30 99 32 80,
www.clouds-hamburg.de; Mo–Fr ab 11.30, Sa, So ab 14 Uhr, open end; Heaven's Nest nur bei gutem Wetter.

Entrückt ist man hier oben in der noblen und ebenso gemütlichen Bar. 105 m über der Elbe liegen einem Stadt und Hafen zu Füßen. Der Dresscode »leger-elegant« wird im Sommer im offenen Stockwerk darüber lockerer gesehen, Heaven's Nest hat eine verglaste Terrasse auf 235 m^2 Fläche und bietet Hamburgs grandiosesten Rundblick.

Frau Hedi (Ⓢ/Ⓤ Landungsbrücken)
Bei den St. Pauli Landungsbrücken, Brücke 10 (Innenkante), Tel. 01 76/83 06 10 71, frauhedi.de
Hamburgischer geht es nicht: Superpartystimmung mit immer neuen Themen und Bands auf einer gemütlichen alten Barkasse. Fleißig tuckert sie durch den nächtlichen, romantisch funkelnden Hafen. Wer zwischendurch aussteigen oder dazukommen will, muss nicht ins Wasser springen: Alle Stunde kehrt Frau Hedi zu ihrem Liegeplatz an den Landungsbrücken zurück.

Mojo Club (Ⓤ St. Pauli)
Reeperbahn 1, www.mojo.de; Programm ab 19/20 Uhr
Jazz, Soul, Bossa tanzt man hier unter der Erde, denn der Mojo Club, eine Hamburger Institution seit 1989, hat 2013 die minimalistisch gestylte Unterwelt unter den Tanzenden Türmen bezogen. Angesagte DJs und weltberühmte Bands und Solisten beglücken die Fans, aber auch Crossover-Performanceprojekte sind hier zu Hause.

Musicals im Hafen (Shuttle ab Landungsbrücke 1)
Theater im Hafen / Theater an der Elbe
Norderelbstr. 6 / Rohrweg 13, Tel. 0 10 85/44 44, www.stage-entertainment.de

Musicals und Hafen – darin ist Hamburg unschlagbar. Schon die Überfahrt zu den beiden Musicaltheatern direkt am Strom ist ein stimmungsvolles Erlebnis; hinreißend sind die Shows »Der König der Löwen« (Di–So) und »Das Wunder von Bern« (Mi–Mo).

Nachtmichel (Ⓢ Stadthausbrücke)
Englische Planke 1, Tel. 01 74/805 12 02,
www.nachtmichel.de; Mai–Okt. ab 19.30,
Nov.–April an bestimmten Tagen ab 17.30 Uhr
Hamburgs Wahrzeichen, der Michel (St. Michaelis), öffnet an vielen Tagen seinen Turm auch nachts für Besucher. Aus nächster Nähe erlebt man den Turmbläser, wenn er um 21 Uhr seinen Choral in alle vier Himmelsrichtungen schickt. Stadt und Hafen sind in schönster Illuminierung, und oft gibt es Festlichkeiten wie große Feuerwerke oder besondere Lichtkunst im Hafen.

Planetarium (Ⓤ Borgweg)
Otto-Wels-Straße 1, Tel. 42 88 65 20,
www.planetarium-hamburg.de
»Kosmisches Schauspielhaus« nennt sich das Planetarium ganz und gar zutreffend, denn die 350 000 Gäste pro Jahr kommen nicht nur wegen der Astronomie hierher. In atemberaubenden Shows erlebt man das Universum zusammen mit traumhafter Musik wie »The Wall« von Pink Floyd, man lauscht Hörspielen oder taucht in 3-D-Welten ein, und jedesmal ist man gänzlich verzaubert.

Schmidts Tivoli (Ⓤ St. Pauli)
Spielbudenplatz 24–28, Ticket-Hotline 31 77 88 99,
www.tivoli.de

Neben dem Schmidt Theater ist seit 1991 Corny Littmanns Verzehrtheater Schmidts Tivoli zu Hause. In dem Gründerzeitbau werden Lachsalven losgetreten, wie bei der Nostalgierevue »Fifty Fifty« oder dem Musical-Dauerhit »Heiße Ecke«. Bei einem Gastspiel wie »Caveman« liefert die Küche auch gleich ein Steinzeitmenü mit.

Thalia-Theater (Ⓤ Mönckebergstraße)
Alstertor 1, Tel. 32 81 44 44, www.thalia-theater.de;
Tageskasse Mo–Sa 10–19, So 16–18 Uhr
Das 100 Jahre alte Theater spricht mit seiner großen Bandbreite an Inszenierungen – von klassischer Antike bis zu modernen Stücken – eine treue Theatergemeinde an, und begeistert. Immer wieder heimsen das Haus oder Mitglieder des Ensembles Auszeichnungen ein, z. B. das Acht-Stunden-Stück »Faust I + II«. Für besondere Leckerbissen wie Lesungen oder Solostücke dient die Bar Nachtasyl unterm Dach als intime Bühne.

Uebel & Gefährlich (Ⓤ Feldstraße)
Feldstraße 66, Tel. 0157/50 78 67 53,
www.uebelundgefaehrlich.com;
meist ab 19/20 Uhr, Clubs oft ab 23/0 Uhr
Hamburgs interessantester Club oft mit Livemusik, die aufhorchen lässt, einmalige Konzerte, aber auch Poetry-Slam und Lesungen – so vielfältig und anspruchsvoll ist sonst keiner. Abgefahrene Location: im Flakbunker auf dem Heiligengeistfeld, verteilt auf Ballsaal, Turmzimmer und Dachterrasse.

Anreise

• **mit dem Auto**

Hamburg wird von der A7 Hannover–Flensburg (durch den Elbtunnel) und von der A1 Bremen–Lübeck durchquert (Zufahrt zur City beim Horster Dreieck über die A255 und die Elbbrücken). Die A24 aus Richtung Berlin endet am »Horner Kreisel«, 5 km östlich der Innenstadt; die A23 führt Richtung Nordsee und zweigt in Hamburgs Nordwesten von der A7 ab.

• **mit dem Fernbus**

Den Busbahnhof ZOB Hamburg neben dem Hauptbahnhof (Adenauerallee 78, Tel. 24 75 76, www.zob-hamburg.de) fahren Fernbusse von über 100 Orten aus Deutschland an. Suchmaschine für Busverbindungen z.B. www.busliniensuche.de.

• **mit der Bahn**

ICE und IC-Verbindungen aus allen Richtungen zu den Fernbahnhöfen Hauptbahnhof, Altona und Dammtor.

• **mit dem Flugzeug**

Vom Hamburg Airport, 8 km nördlich des Zentrums, bestehen Verbindungen zu nationalen und internationalen Zielen. Die S-Bahnlinie 1 verbindet den Flughafen in knapp 30 Minuten mit der Innenstadt.

Fundbüros

Das **zentrale Fundbüro** befindet sich an der Bahrenfelder Straße 254–260 (Ottensen), Tel. 4 28 11 35 01. Eine Onlinesuche vorab kann Gewissheit bringen: www.hamburg.de/altona/fundsuche.

Fundservice der Deutschen Bahn (inkl. S-Bahn) online: www.fundservice.bahn.de, Fundservicezentrale: Tel. 0 90 01 99 05 99.

Kartenvorverkauf

bei Hamburg Tourismus oder z.B. bei

• **Elbphilharmonie Kulturcafé**, Am Mönckebergbrunnen, Barkhof 3, Tel. 35 76 66 66

• **Abendblatt Ticketshop** im Hanseviertel, Große Bleichen 36, Tel. 30 70 39 46

• **Abendblatt Ticketshop Dammtorbahnhof,** Dag-Hammarskjöld-Platz, Tel. 41 30 99 94

Kulturinfos

• Den Donnerstagsausgaben des Hamburger Abendblatts und der Hamburger Morgenpost liegt jeweils ein umfangreicher Veranstaltungs- und Kulturteil mit Wochenüberblick bei.

• Das offizielle Stadtportal www.hamburg.de bietet Informationen zu allen wesentlichen Events.

• Eine gute Suchfunktion hat die Seite www.hamburg-magazin.de

Notruf

• **Polizei** Tel. 110

• **Feuerwehr/Rettung** Tel. 112

• **Ärztlicher Notfalldienst** Tel. 22 80 22, 11 61 17

• **Zahnärztlicher Notdienst** Tel. 18 03 05 61

Post

• **Altstadt**, Mönckebergstraße 16, Kaufhaus Karstadt; Mo–Sa 10–20 Uhr

Telefon

Vorwahl für Hamburg ist 040.

Touristeninformationen

• **für Auskünfte, Hotelbuchungen,** Tickets: Tel. 30 05 17 07, www.hamburg-tourism.de

• **Hamburg Information** Auch für den Kauf der Hamburg CARD. Am Hauptbahnhof, Eingang Kirchenallee, Mo–Sa 9–19, So, Fei 10–18 Uhr

• **Tourist Information** am Hafen St. Pauli Landungsbrücken zwischen Brücke 4 und 5; So–Mi 9–18, Do–Sa 9–19 Uhr

• Tourist Information Airport Office im Airport Plaza (zwischen Terminal 1 und 2) tgl. 6.30–23 Uhr

Öffentliche Verkehrsmittel

- **S- und U-Bahn, Busse** und Hafenfähren sind im Hamburger Verkehrsverbund HVV zusammengeschlossen und können mit einem Ticket benutzt werden. (Tel. 1 94 49, www.hvv.de).
- **Schnellbusse** erfordern einen Aufschlag.
- **Fähren:** Mit Hamburg Card oder HVV-Ticket nutzt man die Fährlinien auf der Elbe:
Linie 62 verkehrt von den Landungsbrücken nach Finkenwerder über Fischmarkt, Dockland, Neumühlen,
Linie 64 pendelt zwischen Finkenwerder und Teufelsbrück,
Linie 72 Landungsbrücken–Elbphilharmonie,
Linie 73 Landungsbrücken–Ernst-August-Schleuse (Wilhelmsburg).
Die **Maritime Circle Line** (gehört nicht zum HVV): viermal tgl. ab Landungsbrücke 10 nach Wilhelmsburg, BallinStadt, durch HafenCity und Speicherstadt (www.maritime-circle-line.de).
- **Nachtverkehr:** Die U- und S-Bahnen sowie viele Buslinien fahren in den Nächten auf Samstag, Sonntag und vor Feiertagen durchgehend. In den übrigen Nächten verkehren Nachtbuslinien (Linien 600–688).
- **Tarife:** Das Tarifgebiet des HVV reicht weit in das Umland hinaus, alle Fahrten innerhalb der Hamburger Stadtgrenzen liegen jedoch im Großbereich. Eine **Einzelkarte** kostet je nach Entfernung:
Kurzstrecke (1,50 €),
Nahbereich (2,10 €) oder
Großbereich (3,10 €).
Die Gültigkeit ist in den Haltestellenaushängen angegeben.
Praktisch: die **9 Uhr-Tageskarte** (1 Erwachsener und max. 3 Kinder: 6,00 €) und die **9-Uhr-Gruppenkarte** (bis fünf Erwachsene: 11,20 €) für beliebig viele Fahrten am Geltungstag.

Mit der **Hamburg CARD** (1 bis 5 Tage) freie Fahrt auf HVV-Linien plus Ermäßigungen auf Stadt-, Hafen- und Alsterrundfahrten sowie über 130 Eintritten in Musicals, Theater und Museen (www.hamburg-tourismus.de).

Taxi

- **Hansa Taxi:** Tel. 21 12 11
- **Taxi Hamburg 6 x 6:** Tel. 66 66 66

Sightseeing

- **Stadtrundfahrt** u. a. mit den Roten Doppeldeckern ab Hauptbahnhof (Kirchenallee) oder Landungsbrücken sowie 25 weiteren Zustiegsmöglichkeiten (Tagesticket 17,50 €, mit Hamburg Card 15 €, Tel. 792 89 79, www.die-roten-doppeldecker.de)
- **Hafenrundfahrt** u. a. mit Elbreederei Abicht ab Landungsbrücken (ab 18 €, Kinder bis 14 Jahre 9 €, Tel. 3 17 82 20, www.abicht.de), Barkassen Bülow ab Ponton Binnenhafen (15 €, Kinder bis 14 Jahre 5 €, Tel. 768 41 40, (www.barkassenvermietung-hamburg.com).
- **Rundgänge** Programm u. a.: www.hamburger-gaeste fuehrer.de (April-Okt.), www.stattreisen-hamburg.de; zu Fuß oder per Fahrrad: www.twietenkieker.de.
- **Segway Touren** Rundfahrten per Elektroroller (ab 64,80 €, Tel. 47 11 33 00, www.segway-citytour.de)

Fahrräder:

- **Stadtrad** (Tel. 8 22 18 81 00, stadtrad.hamburg.de), patentes Leihsystem mit über 130 Stationen. Zur Anmeldung und Ausleihe braucht man eine EC- oder Kreditkarte. Die ersten 30 Minuten sind kostenfrei, danach 6 Cent/Minute, maximal 12 €/Tag.
- **Fahrrad-Taxi** (www.trimotion.de): je Km 5 €, Velo-Stundentour, 30 €, auch als Stadtrundfahrten möglich.

Liebe Leserin, lieber Leser,
wir freuen uns, dass Sie sich für diesen POLYGLOTT zu Fuss entdecken entschieden haben.

Unsere Autorinnen und Autoren sind für Sie unterwegs und recherchieren sehr gründlich, damit Sie mit aktuellen und zuverlässigen Informationen auf Reisen gehen können. Dennoch lassen sich Fehler nie ganz ausschließen. Wir bitten Sie um Verständnis, dass der Verlag dafür keine Haftung übernehmen kann.

Ihre Meinung ist uns wichtig. Bitte schreiben Sie uns:
TRAVEL HOUSE MEDIA GmbH, Redaktion POLYGLOTT, Grillparzerstraße 12, 81675 München, redaktion@polyglott.de
www.polyglott.de

1. komplett überarbeitete Auflage 2016

Dieses Buch wurde auf chlorfrei gebleichtem Papier gedruckt.
ISBN 978-3-8464-6211-9

Verlagsleitung: Michaela Lienemann
Redaktionsleitung: Grit Müller
Verlagsredaktion: Anne-Katrin Scheiter
Autoren: Elke Frey, Carsten Ruthe
Redaktion: Buch und Gestaltung, Britta Dieterle und Heide-Ilka Weber
Bildredaktion: Ulrich Reißer
Titeldesign: fpm factor product münchen
Layoutkonzept: uteweber-grafikdesign
Karten und Pläne: Theiss Heidolph
Satz: uteweber-grafikdesign
Herstellung: Anna Bäumner
Druck und Bindung: Drukarnia Dimograf Sp.zo.o. (Polen)

TRAVEL HOUSE MEDIA

Ein Unternehmen der
GANSKE VERLAGSGRUPPE

Bildnachweis:

Coverfoto Bootsanleger an der Innenalster beim Rathaus
© laif/Christian Kerber

Alamy/Caro: 115; East Hotel: 131; Fotolia/a.ghizzi: 116; Fotolia/Biker: 15-2, 82; Fotolia/Bild.Pix.de: 20; Fotolia/Buesi: 111; Fotolia/deejaymd: 51; Fotolia/Borg Enders: 126; Fotolia/Marc Heiligenfeld: 24; Fotolia/kameraauge: 15-1, 22, 31, 39; Fotolia/Matthias Krüttgen: 36; Fotolia/Thorsten Nieder: 90; Fotolia/powell83: 44; Fotolia/Starpics: 14; Fotolia/yeehaaa: 74; Hansa Theater: 27; IBA Hamburg GmbH/Martin Kunze: 99; iStockphoto/Oliver Hoffmann: 28; iStockphoto/Jürgen Sack: 56; laif/Bernd Jonkmanns: 70; laif/Christian Kaiser: 120, 127; laif/Achim Multhaupt: 52; laif/Top/Maurice Rougemont: 76; laif/Frank Siemers: 26, 35, 75; laif/Stefan Volk: 98; LOOK-foto/Walter Schiesswohl: 78; Mauritius images/Alamy: 23, 91; Mauritius images/Ingo Boelter: 96; Mauritius images/ib/Justus de Cuveland: 108; Mauritius images/ib/Christian Ohde: 107; Mauritius images/Rainer Waldkirch: 114; Dirk Renckhoff: 12, 18, 19, 55, 66, 66, 68-1, 68-2, 71, 72, 82, 86, 87, 88, 94, 95, 102, 103, 104, 118, 128, 130, 132-1, 132-2, 134, 135, 136, 137, 138, 139, 140, 141, 142, 143, 145; Rindermarkthalle St. Pauli: 144; Carsten Ruthe: 79, 106, 110, 124; Schmidt's Tivoli/Oliver Fantitsch: 146; Heide Ilka Weber: 34, 38, 43, 46, 47-1, 47-2, 50, 54, 58, 59, 63-1, 63-2, 100, 122.

Kaltgetränke
1. Knusper Klassik
2. Knusper Schoko
Kölln

TOP-12-HIGHLIGHTS

Die wichtigsten Sehenswürdigkeiten auf einen Blick

1 **Rathaus** Der Bau mit seiner prächtigen Neorenaissancefassade ist das politische Zentrum der Stadt. › S. 10

2 **Michel** Vom 132 m hohen Kirchturm hat man grandiose Ausblicke. › S. 16

3 **Chilehaus** Den eleganten Backsteinbau sähen die Hamburger gern auf der UNESCO-Welterbeliste. › S. 32

4 **Speicherstadt** In den Backsteinlagerhäusern findet man originelle Museen. › S. 34

5 **Miniatur Wunderland** Eine Million Besucher im Jahr »reisen« durch die Miniatureisenbahnanlage. › S. 35

6 **Elbphilharmonie** Das Architekturhighlight ist längst ein Besucher-Hit. › S. 40

7 **St. Pauli-Landungsbrücken** Auf dem schwimmenden Anleger fühlt man sich mitten im Hafen. › S. 43

8 **Alter Elbtunnel** Das technische Wunder von 1911 »bringt« immer noch Menschen in den Hafen. › S. 44

9 **Reeperbahn** Viele Nachtschwärmer starten von hier ihre Runde durchs Vergnügungsviertel von St. Pauli. › S. 51

10 **Fischmarkt** Der Ort für Schnäppchenjäger und Leute in Feierlaune. › S. 58

11 **Außenalster** Hier lässt man die Seele baumeln. › S. 62

12 **Blankenese** Malerisch kleben die Häuschen und die bunten Gärten am Elbhang. › S. 127